2025

9급 공무원 영어 시험대비

박문각 공무원 특별판

진가영 영어

진가영 편저

신경향 독해 마스터

시즌 ❶

"2025년 출제 기조 전환 독해 문제
[전자메일, 안내문, 홈페이지 게시글]
완벽 분석 및 완전 정복"

신경향 독해 집중 공략 문제집!

동영상 강의 www.pmg.co.kr

수험생들에게 최고의 교재가 될
신경향 독해 마스터 시즌 ❶을 펴내며...

"안녕하세요, 여러분들의 단기합격 길라잡이 진가영입니다."

2025년 출제 기조 전환에 따른 공무원 시험에서 영어 영역 20문제 중 총 13문제가 독해 문제로 출제될 것으로 보입니다. **따라서 독해가 차지하고 있는 비중만큼 고득점을 위해서는 반드시 독해를 정복**해야 합니다.

이번 시험 출제 기조 전환에 따라 새로운 문제 유형에 적응해서 빠르고 정확하게 문제를 풀기 위해서는 반드시 양질의 교재를 통해 제대로 된 **독해 문제 풀이법을 학습하고 적용해 보며 신경향 독해 유형을 마스터하는 게** 중요합니다. 하지만, 대다수의 시험을 준비하시는 분들이 여러 권의 독해 교재들을 가지고 문제를 풀어도 공무원 시험에 나오는 독해 문제들을 어떻게 처리해야 할지 모르고 감으로 문제를 풀기 때문에 실질적인 영어 독해 점수 상승을 이뤄내는 데 어려움을 겪고 있습니다.

따라서 현명하게 독해 만점을 준비하기 위해서 체계적으로 신경향을 집중 공략한 독해 연습을 할 수 있는 교재가 필요하다고 생각했고 그 결과 출간하게 된 교재가 바로 이 **신경향 독해 마스터 시즌 ❶**입니다. 이 독해 교재를 통해 여러분들은 시험장에서 **1분 안에 1지문의 문제를 감이 아닌 지문에 나온 근거와 명시적 단서에 의해 독해를 푸는 방법을 배우고 이를 실제 문제와 흡사한 형태로 제작된 문제로 스스로 연습**할 수 있고 공무원 독해의 출제 알고리즘을 파악하여 독해 풀이법에 맞는 독해 전략을 적용하는 훈련을 할 수 있습니다.

또한 독해 기초 체력을 다지고 실력 향상을 위해 필수적인 표현 학습 그리고 실전 독해 문제 풀이로 이어지는 과정을 한 번에 할 수 있도록 교재를 구성하였기 때문에 분명 이 교재를 끝내고 나면 여러분들의 독해 실력이 향상되어 있을 것입니다.

진가영 영어 **신경향 독해 마스터** 시즌 ❶
교재가 가지는 장점은 다음과 같습니다.

- 단계별 문제 풀이 전략을 통한 리딩 스킬 학습 가능
- 배운 내용을 출제 예상 연습 문제들을 통해 적용 연습 가능
- 시험에 출제될 수 있는 독해 필수 어휘들을 정리함으로써 기본적 독해 능력 향상 가능

정리해서 말씀드리면,

이 교재는 감으로 독해를 푸는 것이 아니라 신경향 유형의 독해 문제를 **단계별로 접근**하여 **빠르고 정확하게 독해 문제 풀이법을 학습**하고 이를 스스로 적용해 보고 마지막으로 핵심 표현까지 학습할 수 있도록 도와줌으로써 **실질적인 정답률 상승**을 끌어내는 데 큰 도움을 줄 것입니다.

여러분들이 이 질 좋은 문제들을 통해서 매일 꾸준히 연습하시고 강의와 병행하신다면 남들보다 더 빠르게 독해 점수가 오를 것이고 시험장에서 독해를 맞출 수 있을 것이라 자신합니다.

여러분들의 노력이 반드시 합격으로 이어지도록 현명한 길라잡이로서 더 좋은 모습으로 수업을 통해 뵙도록 하겠습니다.

이 교재를 통해 반드시 신경향 독해 문제를 정복할 수 있습니다.

여러분이 단기합격을 이루길 항상 응원합니다.

Dreams come true!
꿈은 반드시 이루어진다!

2024년 6월
진심을 다해 가르치는 영어 - 진가영

2025 출제 기조 전환

1 2025년도 출제 기조 전환 "핵심 내용"

"지식암기 위주에서 현장 직무 중심으로 9급 공무원 시험의 출제 기조가 바뀐다"

인사혁신처가 출제하는 9급 공무원 시험 국어·영어 과목의 출제 기조가 2025년부터 전면 전환됩니다. 인사혁신처 처장은 '2023년 업무보고'에서 발표했던 인사처가 출제하는 9급 공무원 시험의 '출제 기조 전환'을 2025년부터 본격 추진한다고 밝혔습니다.

'출제 기조 전환'의 핵심내용은 지식암기 위주로 출제되고 있는 현행 9급 공무원 시험 국어·영어 과목의 출제 기조를 직무능력 중심으로 바꾸고, 민간 채용과의 호환성을 강화하는 것입니다. 현장 직무 중심의 평가를 위해 영어 과목에서는 실제 업무수행에 필요한 실용적인 영어능력을 검증하고자 합니다. 특히 영어 과목에서는 실제 활용도가 높은 어휘와 어법을 덜 요구하는 방식이고, 전자메일과 안내문 등 업무 현장에서 접할 수 있는 소재와 형식을 적극 활용한 문제들로 구성될 것으로 보입니다.

이를 바탕으로 인사혁신처는 종합적 사고력과 실용적 능력을 평가하게 되는 이번 출제 기조 전환으로 공직에 더 적합한 인재를 선발할 수 있고, 공무원과 민간부문 채용시험 간 호환성 제고로 청년들의 시험 준비 부담이 감소되고 우수한 인재가 공직에 보다 더 지원할 것으로 기대하고 있습니다.

 2025년 "현명한" 신경향 공무원 영어 학습 전략

신경향 어휘 학습

출제 기조 전환 전에는 유의어 유형을 많이 물어보고 단순 암기로 인하여 문제 푸는 시간 또한 절약할 수 있었지만 기조 전환 예시문제를 보면 어휘는 빈칸 유형으로만 구성된 것으로 보아 **제시문의 문맥을 고려하고 정확한 단서를 찾은 후에 빈칸 안에 어떤 어휘가 적절한 것인지 찾는 훈련과 연습**을 해야 합니다.

신경향 문법 학습

출제 기조 전환 전에는 문법 문제들이 박스형, 문장형, 영작형으로만 구성되었지만 출제 기조 전환 발표 중 일부인 민간 채용과의 호환성을 강화하는 취지로 **TOEIC, TEPS 시험에서 잘 나오는 빈칸 유형이 문법 문제로 새로 추가되었습니다.** 이런 유형들은 기존의 유형들과 확실하게 다른 접근법으로 문제를 풀어야 하므로 **문법 파트별로 각각 다양한 문제들을 많이 풀어보고 문제 풀이 전략을 정확하고 확실하게 배워야 합니다.**

신경향 독해 학습

출제 기조 전환 전에는 1지문 1문제로 구성되고 각 선지들이 지문에 맞는지, 안 맞는지만 판단하기만 하면 되었지만 **기조 전환 예시문제를 보면 독해 유형에 세트형이 2문제**로 구성되어 있습니다. 세트형이라고 난도가 더 올라갔다고 보기는 어렵지만 **다소 생소한 형식의 문제 유형이 출제되면 수험생들이 당황하기가 쉬우므로 신유형 독해 문제인 전자메일과 안내문, 홈페이지 게시글 등의 형식들에 대한 체계적인 학습을 통해 빠르고 정확하게 푸는 전략을 체화시켜야 합니다.** 이와 같은 형식으로 단일 지문으로 구성되기도 하니 특히 많은 훈련이 필요한 영역입니다.

REVIEW

후기

★★★★★ 공무원 영어는 그냥 진가영쌤..♥

방*현

처음에 저는 공무원 영어 준비를 시작할 때 무작정 타사 유명한 강사님 수업을 들었고, 그러다가 저와는 맞지 않는 것 같아 또 다른 선생님 수업을 듣고, 그렇게 **방황하다가 마지막에 박문각 진가영쌤을 알게 되어 수업을 들었습니다.** 그냥 결론부터 말하자면 수업을 듣고 '**와 그냥 앞으로 진가영쌤 수업만 들어야겠다**'라는 생각이 들었습니다! 특히 저는 문법 파트가 너무 어려웠는데, 초시생도 이해하기 쉽게 정말 재밌게 가르쳐주세요!! **영어 공부가 부담이 되지 않도록 해주시는 것 같아요! 단어도 외우고 문법도 외우고 독해도 해야 되고 진짜 막막하다 할 때 진가영쌤 수업 들으면서 그냥 쌤이 하라는 대로만 하니까 나중에—이 단어가 외워졌네...** 아 이건 이거였지... 이런 느낌을 정말 많이 받았습니다.—그리고 쌤이랑 했던 게 **이번 지방직 시험에서도 많이 보여서 너무 신기했어요.** 저처럼 **영어 때문에 방황하셨던 분들 진가영쌤 수업 들으면 후회 없으실 것 같아요. 추천합니다!**

★★★★★ 단기합격 가보자고 ~!

김*수

제겐 영어가 정말 힘든 과목 중 하나였기 때문에 매번 미루게 되는 과목 중 하나였는데요. 가영쌤을 만나고 나서는 아침에 일어나면 하프와 일일 모고로 하루를 시작했습니다! **매일 아침마다 영어 공부를 할 수 있었던 원동력 중 하나는 가영쌤의 밝은 에너지의 영향이 큽니다.** 항상 밝게 수업을 진행해 주시고 매 수업마다 잘 할 수 있다고 격려를 해주셔서 기분 좋게 하루를 시작할 수 있었습니다! **핵심 키포인트를 반복해 주셔서 암기에 수월했습니다.** 핵심 포인트 잡는 게 제일 힘들었는데 포인트를 잡는 법을 매번 훈련해 주셔서 문법을 수월하게 준비할 수 있었어요 ! 독해는 보통 줄글로 처음부터 끝까지 전문으로 해설해 주시는 경우가 많은데, **정답의 근거가 되는 부분을 명확하게 짚어주시고 펜터치를 표시해 주셔서 학생 입장에서 공부하기 너무 수월했습니다!** 답지도 구조적으로 잘 되어 있어서 전문 해석에 집착하는 습관을 버리게끔 도와주십니다♡

★★★★★ 문제 풀이에 영어 이론을 잘 적용해서 각종 문제를 풀 수 있게끔 해주는 강의

곽*준

기출 문제 강의는 선생님께서 시험 문제에 해당하는 영어 문법 이론을 수업 시간에 다시 한 번 짚어주셔서 **이론과 문제 적용 방법을 동시에 습득할 수 있도록 해주고 머릿속에 정말 깊이 새겨주는 강의라서 수업을 듣고 나면 확실히 영어 체계가 잡혀가는 효과가 있었습니다.** 독해 지문이 최근 들어 조금씩 길어지는 추세라 실제 시험장에서 독해 문제 푸는 시간 조절이 갈수록 중요해지고 있는데, 영어 독해라는 게 무턱대고 푸는 것이 아니라 **각 독해 유형 별로 어떻게 독해 방법을 적용해 가는지를 선생님께서 먼저 이론을 설명해 주신 후에 실제 기출 문제를 PPT 화면을 통해 중요 KEY POINT 부분을 표시해 가면서 설명해 주셔서,** 영어 독해 문제를 푸는 시간을 서서히 조절해 갈 수 있었습니다. 진정성 있는 강의, 이제 수험생 여러분들이 진가영 선생님의 수업을 통해 직접 경험해 보실 수 있습니다.

★★★★★ 2개월만에 영어 점수 20점 상승!

최*윤

초시생 국가직 70점-지방직 90점 가영쌤 만나면 무조건 가능!!!

안녕하세요! 처음 시작할 때 영어는 거의 다 까먹어서 노베이스였고 22년도 지방직 영어 풀어본 결과 30점에서 시작했습니다. 국가직 이후로 **가영쌤 커리만 밟아도 20점이나 올랐는데 처음부터 배웠다면 정말정말 영어에 자신감이 팍팍 붙었을 것 같아요!** 추가로 가영쌤은 강의력뿐만 아니라 공시생에게 가징 중요힌! 멘탈케어까지 해주십니다.

가영쌤과 점수 수직 상승을 만들어 낸 "생생한" 수강후기

★★★★★ 영어만 20점 올린 지방직 시험후기! 최*윤

독해가 약하다고 생각했었고 유형별로 어떻게 접근해야 할지 몰라서 처음부터 끝까지 다 읽는 독해를 했었어요ㅜㅜ 그래서 국가직 끝난 바로 다음 날부터 고담백 강의로 약한 파트부터 집중적으로 공략했습니다! **유형별 접근 방식도 알려주시고 항상 근거를 찾고 선지를 소거하라는 말씀대로 적용하려고 노력했어요.** 이번 지방직에서는 1문제 헷갈렸던 것 빼고 독해를 다 맞았는데 돌이켜 생각해보면 독해 단어 강의도 도움이 진짜 많이 되었던 것 같네요!(독해 2200단어강의 진짜진짜 추천합니다.)

★★★★★ 합격에 최적화된 강의입니다. 서*명

진가영 교수님은 명확한 독해 솔루션을 제시해 주십니다. 실력을 빨리 늘리고 싶으시면 한 문제를 풀더라도 꼭 진가영 교수님이 알려 주신 대로 풀어보시길 바랍니다. 특히 진가영 교수님이 강조한 부분에 밑줄을 꼭 그어보면서 연습하시길 바랍니다. **진가영 교수님과 연습해가면 진짜 독해만큼은 단 한 문제도 틀리지 않을 만큼 빠른 시간 안에 정확하게 문제를 풀어나갈 수 있습니다.** 한 가지 더 독해에서 강조드리고 싶은 것은 독해 단어 2200을 반드시 외우시길 바란다는 것입니다. 그걸 외우고 나서 저는 독해 속도가 매우 빨라져 이번 지방직 영어 시험을 푸는 데 22분 정도 소모되었습니다.

★★★★★ 강의 내용과 만족감 모두 충족이 되는 강의였습니다. 유*보

독해 영역은 그나마 영어에서 자신 있는 부분임과 동시에 소홀하게 학습했던 부분이었습니다. 그러다 보니 쉽게 풀만한 지문을 어렵게 풀어 시간을 잡아먹는 일이 종종 있었습니다. **진가영 선생님께서 수업 중에 그런 식으로 하면 백번 천번 독해를 해도 점수 향상이 안 된다고 지적하시자 정신이 들어서 이번만큼은 같은 실수를 반복하지 않기 위해 독해 시간도 빠짐없이 들었습니다.** 기출문제 풀이 전에 독해 문제 해결 방법을 자세히 언급하시는데 그 부분도 소홀하게 듣는 일이 없었고 그 결과 하프 · 일일 모의고사에서 빠른 시간에 지문을 파악해서 문제를 풀었고 틀린 문제보다 맞힌 문제가 훨씬 더 많았습니다

★★★★★ 영어의 부담을 줄여주는 강의! 곽*빈

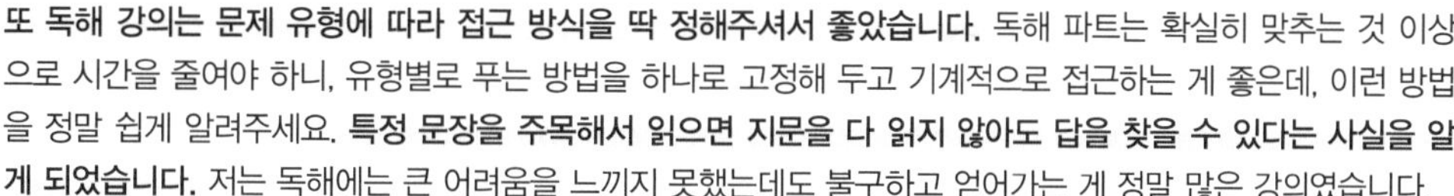

또 독해 강의는 문제 유형에 따라 접근 방식을 딱 정해주셔서 좋았습니다. 독해 파트는 확실히 맞추는 것 이상으로 시간을 줄여야 하니, 유형별로 푸는 방법을 하나로 고정해 두고 기계적으로 접근하는 게 좋은데, 이런 방법을 정말 쉽게 알려주세요. **특정 문장을 주목해서 읽으면 지문을 다 읽지 않아도 답을 찾을 수 있다는 사실을 알게 되었습니다.** 저는 독해에는 큰 어려움을 느끼지 못했는데도 불구하고 얻어가는 게 정말 많은 강의였습니다.

★★★★★ 구문독해로 기초를 쌓으시고 독해 연습을 하시면 더 효과적입니다. 신*식

독해 수업은 독해 어휘와 스킬 위주로 진행되다 보니 문제를 더 빠르고 정확하게 풀 수 있었습니다. 그리고 수업에서 다루는 지문이 4월 국가직, 6월 지방직 시험보다 난이도가 높아서 오히려 시험을 볼 때 더 쉬웠습니다. 또 어렵게 나오더라도 대비가 될 것 같다고 느꼈습니다. 독해에 실력이 있으신 분들도 가볍게 들으시면 도움이 될 것 같고, 그렇지 않으신 분들은 독해 수업을 열심히 들으시면 좋을 것 같습니다.

커리큘럼

2025년
신경향(New Trend)
정규 커리큘럼

합격을 위한 필수 과정

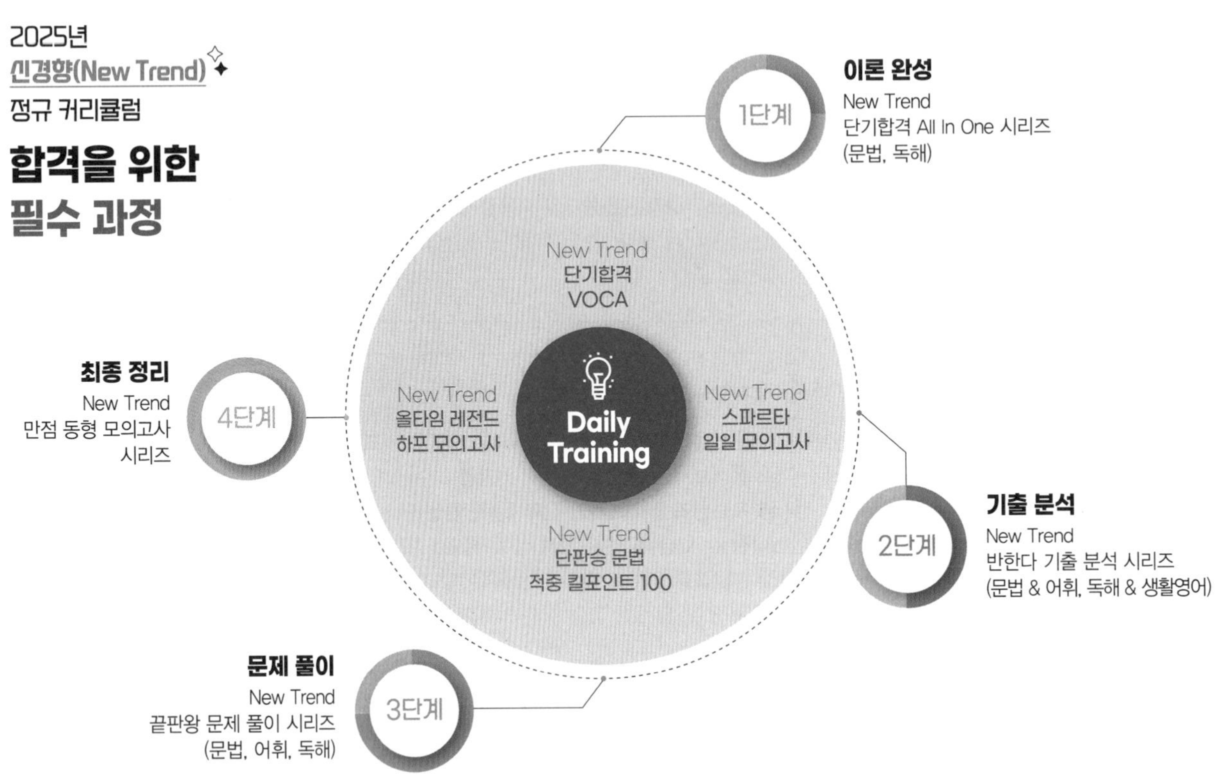

2025년
신경향(New Trend)
보완 커리큘럼

합격을 위한 선택 과정

기초 이론	공무원 영어 시작, 입문
구문 독해	진(Real) 독해 기초 체력 다지기 / 신경향 독해 기본 실력 다지기
문풀 N제	신경향 마스터 시리즈 (독해, 문법, 어휘)
적중 특강	진(眞) 족보 마무리 특강 시리즈 (독해, 문법, 어휘, 생활영어)

CONTENTS

차례

진가영 영어
신경향 독해 마스터 시즌 1

진가영 영어연구소 | cafe.naver.com/easyenglish7

Chapter

01

세트형 문항 ①

전자메일[목적 & 유의어]

세트형 문항 ❶ 전자메일[목적 & 유의어]

Unit 01 2025년 출제 기조 전환 예시 문제

1 문제 풀어보기

[01-02] 다음 글을 읽고 물음에 답하시오. 제한시간 2분

2025년 출제 기조 전환 예시 문제 8, 9번

Send Preview Save

To	Clifton District Office
From	Rachael Beasly
Date	June 7
Subject	Excessive Noise in the Neighborhood

My PC Browse

Times New ▼ 10pt ▼ G G G G G

To whom it may concern,

I hope this email finds you well. I am writing to express my concern and frustration regarding the excessive noise levels in our neighborhood, specifically coming from the new sports field.

As a resident of Clifton district, I have always appreciated the peace of our community. However, the ongoing noise disturbances have significantly impacted my family's well-being and our overall quality of life. The sources of the noise include crowds cheering, players shouting, whistles, and ball impacts.

I kindly request that you look into this matter and take appropriate <u>steps</u> to address the noise disturbances. Thank you for your attention to this matter, and I appreciate your prompt response to help restore the tranquility in our neighborhood.

Sincerely,
Rachael Beasley

01 윗글의 목적으로 가장 적절한 것은?

① 체육대회 소음에 대해 주민들의 양해를 구하려고
② 새로 이사 온 이웃 주민의 소음에 대해 항의하려고
③ 인근 스포츠 시설의 소음에 대한 조치를 요청하려고
④ 늦은 시간 악기 연주와 같은 소음의 차단을 부탁하려고

02 밑줄 친 "steps"의 의미와 가장 가까운 것은?

① movements ② actions ③ levels ④ stairs

2 문제 풀이 전략 학습하기

'목적' 유형 문제 풀이 전략

STEP 1 선지 확인 → 내용 예측하기

① 체육대회 <u>소음</u>에 대해 주민들의 양해를 구하려고
② 새로 이사 온 이웃 주민의 <u>소음</u>에 대해 항의하려고
③ 인근 스포츠 시설의 <u>소음</u>에 대한 조치를 요청하려고
④ 늦은 시간 악기 연주와 같은 <u>소음</u>의 차단을 부탁하려고

STEP 2 지문 확인 → 단서(목적을 나타내는 문장) 찾기

STEP 3 단서 확인 후 선지 분석하기 → 오답 소거 후 정답 도출

단서	**<u>I am writing</u>** to express my concern and frustration regarding the excessive noise levels in our neighborhood, specifically coming from the new sports field. 저는 특히 새로운 스포츠 경기장에서 오는 우리 동네의 과도한 소음 수준에 대한 우려와 좌절감을 표현하기 위해 글을 씁니다. **<u>I kindly request</u>** that you look into this matter and take appropriate steps to address the noise disturbances. 저는 이 문제를 조사하여 소음으로 인한 방해를 해결하기 위한 적절한 조치를 취해주시길 부탁드립니다.
선택지 분석	① 체육대회 소음에 대해 주민들의 양해를 구하려고 ② 새로 이사 온 이웃 주민의 소음에 대해 항의하려고 ③ 인근 스포츠 시설의 소음에 대한 조치를 요청하려고 ④ 늦은 시간 악기 연주와 같은 소음의 차단을 부탁하려고

정답 ③

난이도

'유의어' 유형 문제 풀이 전략

STEP 1 밑줄 친 어휘를 포함한 지문 해석하기

I kindly request that you look into this matter and take appropriate **steps** to address the noise disturbances.

저는 이 문제를 조사하여 소음으로 인한 방해를 해결하기 위한 적절한 **조치**를 취해주시길 부탁드립니다.

STEP 2 맥락에 맞는 정확한 뜻 확인

step의 뜻	해당 뜻과 관련된 예문
1 조치	We must take **steps** to rectify the situation. 우리는 상황을 바로잡을 **조치**를 취해야 한다.
2 걸음	She moved a step closer to me. 그녀가 내게로 한 걸음 더 가까이 다가왔다.
3 단계	This was a big step up in his career. 이것은 그의 경력상 한 단계 위로 크게 올라서는 것이었다.
4 계단	The stone steps were worn and broken. 그 돌계단들은 닳고 부서져 있었다.

STEP 3 선택지 분석 → 밑줄 친 어휘의 뜻과 비슷한 선지 고르기

선지	뜻
① movement	1 움직임, 행동 2 이동 3 운동, 활동 4 진전
② **action**	1 **조치, 수단** 2 움직임, 활동 3 작용, 영향 4 확인 조치하다
③ level	1 정도, 수준 2 단계 3 관점, 입장 4 평평한 5 대등한 6 평평하게 하다
④ stair	1 계단, 층계 2 사닥다리[계단]의 한 단

정답 ②

난이도

3 중요 표현 복습하기

어휘 복습 TEST

1 frustration ____________

2 regarding ____________

3 excessive ____________

4 district ____________

5 disturbance ____________

6 crowd ____________

⑦ address ______________________

⑧ prompt ______________________

⑨ tranquility ______________________

⑩ sincerely ______________________

어휘 복습 ANSWER

① frustration	좌절감, 불만
② regarding	~에 대하여, ~관하여
③ excessive	과도한, 지나친
④ district	지역, 지방
⑤ disturbance	방해, 폐해, 소란, 소동
⑥ crowd	군중, 무리, 집단, 밀려오다
⑦ address	해결하다, 다루다, 처리하다, 주소를 쓰다, 연설하다
⑧ prompt	신속한, 즉각적인, 자극하다, 촉구하다, 유도하다
⑨ tranquility	평온, 고요, 차분함
⑩ sincerely	진심으로, 진정으로

4 지문 해석 확인하기

수신인: 클리프턴 지역 사무소
발신인: Rachael Beasly
날짜: 6월 7일
제목: 인근의 과도한 소음

담당자분께,

이 이메일이 당신에게 잘 도착하기를 바랍니다. 저는 특히 새로운 스포츠 경기장에서 오는 우리 동네의 과도한 소음 수준에 대하여 우려와 좌절감을 표현하기 위해 글을 씁니다.

클리프턴 지역 주민으로서, 저는 항상 우리 지역 사회의 평화를 높이 평가해왔습니다. 그러나, 계속되는 소음으로 인한 방해는 우리 가족의 안녕과 우리 삶의 전반적인 질에 상당히 영향을 미치고 있습니다. 소음의 원인은 군중 응원, 선수들의 함성, 휘파람, 공의 충돌을 포함합니다.

저는 당신이 이 문제를 조사하여 소음으로 인한 방해를 해결하기 위한 적절한 조치를 취해 주시기를 부탁드립니다. 이 문제에 관한 당신의 관심에 감사드리며, 우리 인근의 평온을 회복하는 데 도움이 될 수 있는 신속한 대응에 감사드립니다.

진심을 담아,
Rachael Beasly

Unit 02 2025년 출제 기조 전환 연습 문제 ❶

1 문제 풀어보기

[01-02] 다음 글을 읽고 물음에 답하시오. 제한시간 2분

Send Preview Save

To	Harris District Office
From	John Smith
Date	April 15
Subject	Potholes on Roads

My PC Browse

Times New ▼ 10pt ▼ G G G G G

Dear officials of Harris District Office,

I trust this email reaches you well. I am writing to bring to your attention a pressing issue regarding the condition of our city's roads, specifically concerning the presence of numerous potholes.

Over the past few months, the prevalence of potholes on several major roads has become a serious concern for residents. These potholes not only pose a threat to the structural integrity of vehicles but also significantly increase the risk of traffic accidents. Drivers are forced to swerve suddenly to avoid these hazards, leading to potential collisions and endangering the safety of both drivers and pedestrians.

As a concerned citizen, I urge you to take immediate action to address this issue and repair the potholes on our city's roads. It is essential to ensure the safety and welfare of all residents by maintaining the integrity of our road infrastructure.

Thank you for your attention to this matter. I look forward to hearing from you soon regarding the steps that will be taken to <u>resolve</u> this pressing issue.

Best Regards,
John Smith

01 윗글의 목적으로 가장 적절한 것은?

① 도로 파임 현상의 이유에 대한 질문을 하려고
② 도로의 움푹 패인 곳에 대한 조치를 요구하려고
③ 도로 보수 공사에 대한 불만을 표현하려고
④ 도시의 도로 안전 점검을 요청하려고

02 밑줄 친 "resolve"의 의미와 가장 가까운 것은?

① conclude ② dissolve ③ settle ④ meet

2 문제 풀이 전략 학습하기

'목적' 유형 문제 풀이 전략

STEP 1 선지 확인 → 내용 예측하기

① **도로** 파임 현상의 이유에 대한 질문을 하려고
② **도로**의 움푹 패인 곳에 대한 조치를 요구하려고
③ **도로** 보수 공사에 대한 불만을 표현하려고
④ 도시의 **도로** 안전 점검을 요청하려고

STEP 2 지문 확인 → 단서(목적을 나타내는 문장) 찾기

STEP 3 단서 확인 후 선지 분석하기 → 오답 소거 후 정답 도출

단서	✯ **I am writing** to bring to your attention a pressing issue regarding the condition of our city's roads, specifically concerning the presence of numerous potholes. 저는 특히 많은 움푹 패인 곳들의 존재에 관하여 우리 도시의 도로 상태에 관한 긴급한 문제에 대해 당신들에게 알리고자 글을 씁니다. ✯ **I urge** you to take immediate action to address this issue and repair the potholes on our city's roads. 저는 당신들이 즉시 이 문제를 해결할 조치를 취하고 도시 도로의 움푹 패인 곳을 수리해 줄 것을 촉구드립니다.
선택지 분석	① 도로 파임 현상의 이유에 대한 질문을 하려고 ② 도로의 움푹 패인 곳에 대한 조치를 요구하려고 ③ 도로 보수 공사에 대한 불만을 표현하려고 ④ 도시의 도로 안전 점검을 요청하려고

정답 ②

난이도

'유의어' 유형 문제 풀이 전략

STEP 1 밑줄 친 어휘를 포함한 지문 해석하기

I look forward to hearing from you soon regarding the steps that will be taken to **resolve** this pressing issue.
이 긴급한 문제를 **해결하기** 위해 취해질 조치에 대해 당신들에게 곧 소식을 듣기를 기대하고 있겠습니다.

STEP 2 맥락에 맞는 정확한 뜻 확인

resolve의 뜻	해당 뜻과 관련된 예문
1 해결하다	Both sides met in order to try to **resolve** their differences. 양측이 그들의 차이를 **해결해** 보기 위해 만났다.
2 결심하다	I resolved to give up smoking. 나는 담배를 끊기로 결심하였다.
3 분해[용해]하다	They studied ways to resolve water into oxygen and hydrogen. 그들은 물을 산소와 수소로 분해하는 방법을 연구했다.

STEP 3 선택지 분석 → 밑줄 친 어휘의 뜻과 비슷한 선지 고르기

선지	뜻
① conclude	1 끝내다, 마치다 2 결론[판단]을 내리다 3 결정[결심]하다
② dissolve	1 용해하다, 녹이다 2 해산하다 3 끝내다
③ **settle**	1 **해결하다** 2 정착하다 3 결정하다 4 진정시키다
④ meet	1 만나다 2 만족시키다

정답 ③

난이도

3 중요 표현 복습하기

어휘 복습 TEST

1 pressing ____________
2 presence ____________
3 concerning ____________
4 pothole ____________
5 prevalence ____________
6 concern ____________
7 urge ____________
8 integrity ____________
9 significantly ____________
10 swerve ____________

어휘 복습 ANSWER

❶	pressing	긴급한, 절박한	❼ urge	촉구[권고]하다, 재촉하다, 욕구, 충동
❷	presence	존재, 있음, 참석	❽ integrity	온전함, 완전함, 진실성, 정직
❸	concerning	~에 관하여	❾ significantly	크게, 상당히, 중요하게
❹	pothole	(도로에) 움푹 패인 곳	❿ swerve	방향을 바꾸다[틀다], 벗어나다 탈선하다
❺	prevalence	확산, 널리 퍼짐, 유행		
❻	concern	우려, 걱정, 관심, 일, ~에 관계하다, 걱정시키다		

4 지문 해석 확인하기

수신인: 해리스 지역 사무소
발신인: John Smith
날짜: 4월 15일
제목: 도로에 움푹 패인 곳

친애하는 해리스 지역 사무소 공무원들에게,

이 이메일이 당신들에게 잘 도착하기를 바랍니다. 저는 특히 많은 움푹 패인 곳들의 존재에 관하여 우리 도시의 도로 상태에 관한 긴급한 문제에 대해 당신들에게 알리고자 글을 씁니다.

지난 몇 달 동안 여러 주요 도로에 있는 움푹 패인 곳들의 확산은 주민들에게 심각한 우려가 되었습니다. 이러한 움푹 패인 곳들은 차량의 구조적 온전함에 위협을 가할 뿐만 아니라 교통사고의 위험을 크게 증가시킵니다. 운전자들은 이러한 위험 요소들을 피하기 위해 갑작스럽게 방향을 바꿔야 하며, 이로 인해 잠재적인 충돌이 발생하고 운전자와 보행자의 안전을 위태롭게 만듭니다.

염려하는 시민으로서, 저는 당신들이 즉시 이 문제를 해결할 조치를 취하고 도시 도로의 움푹 패인 곳들을 보수해 줄 것을 촉구드립니다. 도로 기반 시설의 온전함을 유지함으로써 모든 주민들의 안전과 안녕을 보장하는 것은 필수적입니다.

이 문제에 대한 당신들의 관심에 감사드립니다. 이 긴급한 문제를 해결하기 위해 취해질 조치에 대해 당신들에게 곧 소식을 듣기를 기대하고 있겠습니다.

감사합니다,
John Smith

Unit 02 2025년 출제 기조 전환 연습 문제 ❷

1 문제 풀어보기

[01-02] 다음 글을 읽고 물음에 답하시오.

제한시간 2분

Send Preview Save

To	Minnesota District Office
From	Adam Smith
Date	November 19
Subject	Fire Safety

My PC Browse

Times New ▼ 10pt ▼ G G G G G

To whom it may concern,

I hope this email finds you well. I am sending this email to request a fire safety inspection for the building located at 123 Main Street. As the landlord of the property, it is my responsibility to ensure the safety and well-being of my tenants.

Given recent incidents in neighboring buildings, I am particularly concerned about the potential fire hazards within our <u>premises</u>. The building houses several small businesses and residential units, making it imperative to ensure that all fire safety measures are up to code and functioning properly.

I kindly request that your office schedule an inspection at your earliest convenience. Your prompt attention to this matter is greatly appreciated, as it contributes to the safety and security of all occupants.

Thank you for your cooperation.

Sincerely,
Adam Smith

01 윗글의 목적으로 가장 적절한 것은?

① 불꽃놀이가 포함된 지역 행사에 대한 승인을 요청하려고
② 주변 공사로 인한 소음 공해에 대한 불평하려고
③ 건물의 소방 안전 점검을 요청하려고
④ 건물에서 나는 수상한 냄새를 신고하려고

02 밑줄 친 "premises"의 의미와 가장 가까운 것은?

① prerequisites ② appointments ③ interests ④ properties

2 문제 풀이 전략 학습하기

'목적' 유형 문제 풀이 전략

STEP 1 선지 확인 → 내용 예측하기

① **불꽃놀이**가 포함된 지역 행사에 대한 승인을 요청하려고
② 주변 공사로 인한 **소음** 공해에 대한 불평하려고
③ **건물**의 소방 안전 점검을 요청하려고
④ **건물**에서 나는 수상한 냄새를 신고하려고

STEP 2 지문 확인 → 단서(목적을 나타내는 문장) 찾기

STEP 3 단서 확인 후 선지 분석하기 → 오답 소거 후 정답 도출

단서	✰ **I am sending this email to request** a fire safety inspection for the building located at 123 Main Street. 저는 123 시내 중심가에 위치한 건물에 대한 화재 안전 점검을 요청하기 위해 이 이메일을 보냅니다. ✰ **I kindly request** that your office schedule an inspection at your earliest convenience. 당신의 사무실에서 가급적 빨리 점검 일정을 잡아 주시기를 부탁드립니다.
선택지 분석	① 불꽃놀이가 포함된 지역 행사에 대한 승인을 요청하려고 ② 주변 공사로 인한 소음 공해에 대한 불평하려고 ③ 건물의 소방 안전 점검을 요청하려고 ④ 건물에서 나는 수상한 냄새를 신고하려고

정답 ③

난이도

'유의어' 유형 문제 풀이 전략

STEP 1 밑줄 친 어휘를 포함한 지문 해석하기

Given recent incidents in neighboring buildings, I am particularly concerned about the potential fire hazards within our **premises**.

인근 건물에서 발생한 사건들을 고려할 때, 저는 우리 **구내**에서 잠재적인 화재 위험에 대해 특히 우려하고 있습니다.

STEP 2 맥락에 맞는 정확한 뜻 확인

premise의 뜻	해당 뜻과 관련된 예문
1 구내, 건물, 토지	The inspectors found six violations on the **premises**. 조사관들이 **구내**에서 위반 사항을 6건이나 적발했다.
2 전제, 가정	We will accept your premise on that occasion. 우리는 그 경우에 당신의 전제를 받아들일 것이다.

STEP 3 선택지 분석 → 밑줄 친 어휘의 뜻과 비슷한 선지 고르기

선지	뜻
① prerequisite	1 전제[필요] 조건 2 필수 과목 3 필수적인, 전제가 되는 4 미리 필요한
② appointment	1 약속, 예약 2 임명, 지명 3 직위, 직책
③ interest	1 관심, 흥미 2 이해(관계), 이익 3 이자
④ **property**	1 **건물, 건물 구내** 2 재산, 소유물 3 부동산, 토지 4 속성, 특성, 성질

정답 ④

난이도 IIII

3 중요 표현 복습하기

어휘 복습 TEST

❶ inspection	______	❺ given	______
❷ landlord	______	❻ hazard	______
❸ well-being	______	❼ imperative	______
❹ tenant	______	❽ code	______

어휘 복습 ANSWER

❶ inspection	점검, 검토, 사찰, 순시	❺ given	~을 고려하면
❷ landlord	임대주, 주인	❻ hazard	위험, ~을 위태롭게 하다
❸ well-being	안녕, 행복	❼ imperative	필수적인, 긴급한, 중요한
❹ tenant	세입자, 임차인, 소작인	❽ code	규정[법규], 법전, 암호, 부호

4 지문 해석 확인하기

수신인 : 미네소타 지역 사무소
발신인 : Adam Smith
날짜 : 11월 9일
제목 : 화재 안전

담당자분께,

저는 이 이메일이 당신에게 잘 도착하기를 바랍니다. 저는 123 시내 중심가에 위치한 건물에 대한 화재 안전 점검을 요청하기 위해 이 이메일을 보냅니다. 해당 건물의 임대주로서, 저의 세입자들의 안전과 안녕을 보장하는 것은 제 책임입니다.

인근 건물에서 발생한 사건들을 고려할 때, 저는 우리 구내에서 잠재적인 화재 위험에 대해 특히 우려하고 있습니다. 해당 건물은 여러 소규모 사업체와 거주 단위가 있으며, 모든 화재 안전 조치가 규정에 맞게 유지되고 제대로 작동되고 있는지 확인하는 것이 반드시 필요합니다.

당신의 사무실에서 가급적 빨리 점검 일정을 잡아 주시기를 부탁드립니다. 이 문제에 대한 당신의 신속한 관심에 깊은 감사를 드리며, 이는 모든 거주자들의 안전과 보안에 이바지합니다.

협조해 주셔서 감사합니다.

진심으로,
Adam Smith

Unit 02 2025년 출제 기조 전환 연습 문제 ❸

1 문제 풀어보기

[01-02] 다음 글을 읽고 물음에 답하시오. 제한시간 2분

Send Preview Save

To	Washington School Administration
From	Sarah Johnson
Date	May 8
Subject	Temporary Absence Request

My PC Browse

Times New 10pt G G G G G

Dear Principal Smith and Ms. Thompson,

I'm contacting you to inform you about my son, Michael Johnson's upcoming absence from school. Our family has planned a special family event, which will require us to travel out of town for three days.

As conscientious parents, we understand the importance of regular attendance and academic commitments. Therefore, we are reaching out to request your approval for Michael's temporary absence from April 15th to April 17th.

During his absence, Michael will diligently keep up with his studies and complete any assignments provided by his teachers. We assure you that this brief absence will not hinder his academic progress.

We appreciate your understanding and cooperation in this matter. Please let us know if there are any forms or procedures we need to follow to formalize this request.

Thank you for your attention to this matter.

Sincerely,
Sarah Johnson

01 **윗글의 목적으로 가장 적절한 것은?**

① 학생이 스포츠 행사에 참여할 수 있도록 허가를 요청하려고
② 학생의 병원 입원으로 결석하는 것을 통보하려고
③ 학교 일시적 결석에 대한 허가를 요청하려고
④ 학교의 커리큘럼에 대해 문의하려고

02 **밑줄 친 "commitments"의 의미와 가장 가까운 것은?**

① bills ② testaments ③ obligations ④ documents

2 문제 풀이 전략 학습하기

'목적' 유형 문제 풀이 전략

STEP 1 선지 확인 → 내용 예측하기

① **학생**이 스포츠 행사에 참여할 수 있도록 허가를 요청하려고
② **학생**의 병원 입원으로 결석하는 것을 통보하려고
③ **학교** 일시적 결석에 대한 허가를 요청하려고
④ **학교**의 커리큘럼에 대해 문의하려고

STEP 2 지문 확인 → 단서(목적을 나타내는 문장) 찾기

STEP 3 단서 확인 후 선지 분석하기 → 오답 소거 후 정답 도출

단서	✯ **I am contacting you** to inform you about my son, Michael Johnson's upcoming absence from school. 저희 아들, Michael Johnson의 곧 있을 학교 결석에 대해 알려드리고자 합니다. ✯ Therefore, **we are reaching out to request** your approval for Michael's temporary absence from May 15th to May 17th. 따라서, 저희는 5월 15일부터 5월 17일까지의 Michael의 일시적인 결석에 대한 승인을 요청하기 위해 연락드립니다.
선택지 분석	① 학생이 스포츠 행사에 참여할 수 있도록 허가를 요청하려고 ② 학생의 병원 입원으로 결석하는 것을 통보하려고 ③ 학교 일시적 결석에 대한 허가를 요청하려고 ④ 학교의 커리큘럼에 대해 문의하려고

정답 ③

난이도

'유의어' 유형 문제 풀이 전략

STEP 1 밑줄 친 어휘를 포함한 지문 해석하기

As conscientious parents, we understand the importance of regular attendance and academic **commitments**.
성실한 부모로서, 저희는 규칙적인 출석과 학교의 **책무**에 대한 중요성을 이해하고 있습니다.

STEP 2 맥락에 맞는 정확한 뜻 확인

commitment의 뜻	해당 뜻과 관련된 예문
1 약속, 책무	She has numerous **commitments** at work that she must fulfill. 그녀는 직장에서 수행해야 할 수많은 **책무**가 있다.
2 전념, 헌신	It requires a lot of attention, awareness, and commitment. 그것은 많은 주의, 의식 그리고 전념을 필요로 한다.

STEP 3 선택지 분석 → 밑줄 친 어휘의 뜻과 비슷한 선지 고르기

선지	뜻
① bill	1 청구서, 계산서 2 지폐 3 부리
② testament	1 증거 2 유언(장), 유서 3 성서
③ **obligation**	1 **책무, 책임, 의무** 2 채무, 채권[채무]관계
④ document	1 서류, 서식 2 기록 3 증거 4 기록하다 5 서류[문서]로 입증하다

정답 ③

난이도

3 중요 표현 복습하기

어휘 복습 TEST

❶ absence ______

❷ conscientious ______

❸ temporary ______

❹ approval ______

❺ diligently ______

❻ hinder ______

❼ formalize ______

어휘 복습 ANSWER

❶ absence 결석, 결근, 부재, 결핍
❷ conscientious 성실한, 양심적인
❸ temporary 일시적인, 임시의
❹ approval 승인, 인정, 찬성
❺ diligently 열심히, 부지런히, 애써
❻ hinder 방해하다, 못하게 하다
❼ formalize 형식을 갖추다, 공식화하다

4 지문 해석 확인하기

수신인: 워싱턴주 학교 행정부
발신인: Sarah Johnson
날짜: 4월 1일
제목: 일시적인 결석 요청

존경하는 Smith 교장 선생님과 Thompson 선생님,

저는 저희 아들, Michael Johnson의 곧 있을 학교 결석에 대해 알려드리고자 연락을 드립니다. 저희 가족은 특별한 가족 행사를 계획했는데, 이로 인해 저희는 3일 동안 도시를 벗어나 여행할 예정입니다.

성실한 부모로서, 저희는 규칙적인 출석과 학교의 책무에 대한 중요성을 이해하고 있습니다. 따라서 저희는 5월 15일부터 5월 17일까지의 Michael의 일시적인 결석에 대한 승인을 요청드리기 위해 연락드립니다.

그의 결석기간 동안 Michael은 열심히 학업을 따라가고 그의 선생님들에 의해 제공된 모든 과제를 완수할 것입니다. 저희는 이 잠시 동안의 결석이 그의 학업 진행을 방해하지 않을 것을 보장합니다.

이 문제에 대한 당신들의 이해와 협조에 감사드립니다. 이 요청의 형식을 갖추기 위해 따라야 할 양식이나 절차가 있다면 알려주시기 바랍니다.

이 문제에 대한 당신들의 관심에 감사드립니다.

진심으로,
Sarah Johnson

Unit 02 2025년 출제 기조 전환 연습 문제 ❹

1 문제 풀어보기

[01-02] 다음 글을 읽고 물음에 답하시오. 제한시간 2분

Send | Preview | Save

To	Production Department
From	Emily Brown
Date	September 18
Subject	Additional Production Inquiry

My PC | Browse

Times New | 10pt | G G G G G

I hope this email finds you well.

As you may be aware, our latest product, the XYZ Widget, has been receiving exceptionally positive feedback from our customers. We have observed an increase in demand beyond our initial <u>projections</u>. In light of this, I wanted to reach out to your department to assess whether it would be feasible to ramp up production to meet the growing demand.

Could you please provide guidelines into the current production capacity and any potential challenges or considerations that we should be aware of in scaling up production? Additionally, if there are any specific adjustments or measures that need to be taken, please let me know so that we can plan accordingly.

Your prompt response to this inquiry would be greatly appreciated as we aim to capitalize on the market opportunity without compromising on product quality or efficiency.

Thank you for your attention to this matter.

I wish you the best,
Emily Brown

01 **윗글의 목적으로 가장 적절한 것은?**

① 제품 생산 진행 상황에 대한 문의를 하려고
② 제품 생산에 주의할 점을 통보하려고
③ 현재의 인기있는 제품의 정보를 제공하려고
④ 인기있는 제품 생산 증가 가능성을 조사하려고

02 **밑줄 친 "projections"의 의미와 가장 가까운 것은?**

① suggestions ② applications ③ calculations ④ subjects

2 문제 풀이 전략 학습하기

'목적' 유형 문제 풀이 전략

STEP 1 선지 확인 → 내용 예측하기

① **제품** 생산 진행 상황에 대한 문의를 하려고
② **제품** 생산에 주의할 점을 통보하려고
③ 현재의 인기있는 **제품**의 정보를 제공하려고
④ 인기있는 **제품** 생산 증가 가능성을 조사하려고

STEP 2 지문 확인 → 단서(목적을 나타내는 문장) 찾기

STEP 3 단서 확인 후 선지 분석하기 → 오답 소거 후 정답 도출

단서	In light of this, **I wanted to reach out to your department to** assess whether it would be feasible to ramp up production to meet the growing demand. 이를 고려하여, 우리는 증가하는 수요를 충족하기 위해 생산량을 늘릴 수 있는지의 여부를 평가하기 위해 당신들의 부서에 연락을 취합니다. **Could you please provide** guidelines into the current production capacity and any potential challenges or considerations that we should be aware of in scaling up production? 현재의 생산 능력과 생산 규모 확장에 따른 우리가 알고 있어야 하는 잠재적인 문제나 고려사항에 대한 지침을 제공해 주실 수 있으십니까?
선택지 분석	① 제품 생산 진행 상황에 대한 문의를 하려고 ② 제품 생산에 주의할 점을 통보하려고 ③ 현재의 인기있는 제품의 정보를 제공하려고 ④ 인기있는 제품 생산 증가 가능성을 조사하려고

정답 ④

난이도

'유의어' 유형 문제 풀이 전략

STEP 1 밑줄 친 어휘를 포함한 지문 해석하기

We have observed an increase in demand beyond our initial **projections**.
우리는 초기 **예상**을 뛰어넘는 수요 증가를 보았습니다.

STEP 2 맥락에 맞는 정확한 뜻 확인

projection의 뜻	해당 뜻과 관련된 예문
1 예상, 추정	First-quarter sales are far below our **projections**. 1분기 매출액이 **예상**보다 아주 낮다.
2 투사, 투영	They used a laser for the precise projection of the design. 그들은 디자인의 정확한 투사를 위해 레이저를 사용했다.
3 돌출(부), 돌기	The porch forms an ugly projection from the house. 집의 현관이 보기 흉하게 돌출되어 있다.

STEP 3 선택지 분석 → 밑줄 친 어휘의 뜻과 비슷한 선지 고르기

선지	뜻
① suggestion	1 제안, 제의, 의견 2 시사, 암시 3 연상
② application	1 지원, 신청 2 적용, 응용 3 바름, 도포
③ **calculation**	1 **예상, 추정** 2 계산, 산출
④ subject	1 주제 2 학과, 과목 3 피실험자 4 주어 5 신하, 국민

정답 ③

난이도 ▮▮▮

3 중요 표현 복습하기

어휘 복습 TEST

❶ exceptionally ____________

❷ in light of ____________

❸ reach out to ____________

❹ ramp up ____________

❺ capacity ____________

❻ potential ____________

❼ specific ____________

❽ adjustment ____________

❾ capitalize on ____________

❿ compromise ____________

어휘 복습 ANSWER

❶ exceptionally	유난히, 특별히, 예외적으로	❻ potential	잠재적인, 가능성이 있는
❷ in light of	~을 고려하여, ~에 비추어	❼ specific	구체적인, 특정한, 독특한
❸ reach out to	연락을 취하다, 관심을 보이다	❽ adjustment	조정, 수정, 적응
❹ ramp up	늘리다, 증가시키다	❾ capitalize on	~을 활용[이용]하다
❺ capacity	수용력, 용량, 능력	❿ compromise	손상시키다, 더럽히다, 타협하다, 양보하다

4 지문 해석 확인하기

수신인: 생산 부서
발신인: Emily Brown
날짜: 9월 18일
제목: 추가 생산 문의

이 이메일이 당신들에게 잘 도착하기를 바랍니다.

당신들이 아시는 바와 같이, 우리의 최신 제품인 XYZ 위젯은 고객들로부터 유난히 긍정적인 피드백을 받고 있습니다. 우리는 초기 예상을 뛰어넘는 수요 증가를 보았습니다. 이를 고려하여, 우리는 증가하는 수요를 충족하기 위해 생산량을 늘릴 수 있는지의 여부를 평가하기 위해 당신들의 부서에 연락을 취합니다.

현재의 생산 능력과 생산 규모 확장에 따른 우리가 알고 있어야 하는 잠재적인 문제나 고려 사항에 대한 지침을 제공해 주실 수 있으십니까? 추가적으로, 조치해야 할 어떤 구체적인 조정 사항이나 조치가 있다면 우리가 그에 맞게 계획을 세울 수 있도록 알려주세요.

우리가 제품 품질이나 효율성을 손상시키지 않고 시장 기회를 활용하는 것을 목표로 하고 있기 때문에 이 문의에 대해 신속하게 응답해 주시면 대단히 감사하겠습니다.

이 문제에 대한 당신들의 관심에 감사드립니다.

건승을 빌며,
Emily Brown

Unit 02 2025년 출제 기조 전환 연습 문제 ⑤

1 문제 풀어보기

[01-02] 다음 글을 읽고 물음에 답하시오. 제한시간 2분

Send Preview Save

To	ABC Building Manager
From	David Parker
Date	June 22
Subject	Inquiry about Office

My PC Browse

Times New ▾ 10pt ▾ G G G G G

Dear ABC Building Manager,

My name is David Parker, and I am a university student interested in renting an office space within the ABC building for my upcoming venture.

I am writing to inquire about the rental conditions for the office spaces available within your building. Specifically, I would like to know about the minimum stay lease <u>terms</u>, rental rates, any additional fees or charges, and any amenities or facilities included with the rental.

Additionally, I would appreciate it if you could provide information on the application process, required documentation, and any other relevant details that I should be aware of before proceeding with the rental.

Thank you for your attention to this matter. I look forward to hearing back from you soon with the requested information.

Best regards,
David Parker

01 윗글의 목적으로 가장 적절한 것은?

① ABC 빌딩의 사무실의 임대 가능성 문의에 대한 대답을 하려고
② ABC 빌딩의 편의시설에 대해 개선을 요구하려고
③ ABC 빌딩의 장점에 대해 홍보하려고
④ ABC 빌딩의 사무실 임대 조건에 대해 문의하려고

02 밑줄 친 "terms"의 의미와 가장 가까운 것은?

① fairs ② periods ③ boards ④ notes

2 문제 풀이 전략 학습하기

'목적' 유형 문제 풀이 전략

STEP 1 선지 확인 → 내용 예측하기

① **ABC 빌딩**의 사무실의 임대 가능성 문의에 대한 대답을 하려고
② **ABC 빌딩**의 편의시설에 대해 개선을 요구하려고
③ **ABC 빌딩**의 장점에 대해 홍보하려고
④ **ABC 빌딩**의 사무실 임대 조건에 대해 문의하려고

STEP 2 지문 확인 → 단서(목적을 나타내는 문장) 찾기

STEP 3 단서 확인 후 선지 분석하기 → 오답 소거 후 정답 도출

단서	**I am writing** to inquire about the rental conditions for the office spaces available within your building. 저는 당신의 건물 내 사용 가능한 사무 공간에 대한 임대 조건에 관해 문의드리고자 글을 씁니다. Additionally, **I would appreciate it** if you could provide information on the application process, required documentation, and any other relevant details that I should be aware of before proceeding with the rental. 또한, 임대 신청 절차, 필요한 서류 및 임대 계약을 진행하기 전에 알아 둬야 할 다른 어떤 관련 세부 사항에 대한 정보를 제공해 주시면 감사하겠습니다.
선택지 분석	① ABC 빌딩의 사무실의 임대 가능성 문의에 대한 대답을 하려고 ② ABC 빌딩의 편의시설에 대해 개선을 요구하려고 ③ ABC 빌딩의 장점에 대해 홍보하려고 ④ ABC 빌딩의 사무실 임대 조건에 대해 문의하려고

정답 ④

난이도

'유의어' 유형 문제 풀이 전략

STEP 1 밑줄 친 어휘를 포함한 지문 해석하기

Specifically, I would like to know about the minimum stay lease **terms**, rental rates, any additional fees or charges, and any amenities or facilities included with the rental.
구체적으로 최소 머물 수 있는 임대 **기간**, 임대 요금, 추가 요금, 그리고 임대에 포함된 편의 시설에 대해 알고 싶습니다.

STEP 2 맥락에 맞는 정확한 뜻 확인

term의 뜻	해당 뜻과 관련된 예문
1 기간	You can't use your credit card because the **term** of validity has expired. 유효**기간**이 만료되어 귀하의 카드를 사용하실 수 없습니다.
2 용어	The term I used was meant to be purely descriptive. 내가 사용한 용어는 순전히 서술적인 목적으로 쓴 것이었다.
3 (학교의) 학기	I'll be teaching history and sociology next term. 나는 다음 학기에는 역사와 사회학을 가르친다.
4 조건	They offered me a loan on very favourable terms. 그들이 나에게 아주 괜찮은 조건으로 융자를 내주었다.
5 관계, 사이	She is on good terms with the entire neighborhood. 그 여자는 모든 이웃과 사이가 좋다.
6 칭하다, 일컫다	At his age, he can hardly be termed a young man. 그의 나이로 보아, 그를 젊은이로 칭하기는 어렵다.

STEP 3 선택지 분석 → 밑줄 친 어휘의 뜻과 비슷한 선지 고르기

선지	뜻
① fair	1 박람회, 전시회 2 타당한 3 공정한, 공평한
② **period**	1 **기간, 동안** 2 시기, 시대 3 종지부, 마침표
③ board	1 판자 2 이사회, 위원회 3 탑승[승차]하다 4 하숙하다
④ note	1 메모 2 노트, 필기 3 주의, 주목 4 음, 음표 5 지폐

정답 ②

난이도

3 중요 표현 복습하기

어휘 복습 TEST

① rent	______	⑤ fee	______
② rental rate	______	⑥ facility	______
③ lease	______	⑦ application	______
④ term	______	⑧ documentation	______

어휘 복습 ANSWER

① rent	임대하다, 세내다, 빌리다	⑤ fee	요금, 회비, 수수료
② rental rate	대여료	⑥ facility	(편의) 시설, 설비, 쉬움
③ lease	임대차 계약, 임대하다	⑦ application	신청, 지원, 적용, 응용
④ term	기간, 용어, 학기, 조건, 관계, 사이 칭하다, 일컫다	⑧ documentation	서류, 기록, 문서화

4 지문 해석 확인하기

수신인: ABC 건물 관리자님
발신인: David Parker
날짜: 6월 22일
제목: 사무실에 관한 문의

친애하는 ABC 건물 관리자님에게,

제 이름은 David Parker이며, 저는 다가오는 벤처 사업을 위해 ABC 건물 내 사무 공간을 임대하는 데 관심이 있는 대학생입니다.

저는 당신의 건물 내 이용할 수 있는 사무 공간에 대한 임대 조건에 관해 문의드리고자 합니다. 구체적으로 최소 머물 수 있는 임대 기간, 임대 요금, 추가 요금, 그리고 임대에 포함된 편의 시설에 대해 알고 싶습니다.

또한, 임대 신청 절차, 필요한 서류 및 임대 계약을 진행하기 전에 알아 둬야 할 다른 어떤 관련 세부 사항에 대한 정보를 제공해 주시면 감사하겠습니다.

이 문제에 대한 당신의 관심에 감사드립니다. 요청드린 정보에 대한 빠른 답신을 기대합니다.

건승을 빌며,
David Parker

Unit 02 2025년 출제 기조 전환 연습 문제 ❻

1 문제 풀어보기

[01-02] 다음 글을 읽고 물음에 답하시오. 제한시간 2분

To	Manager, Cozy Apartments
From	Emily Johnson
Date	February 9
Subject	Noise Issue

Dear Manager,

I trust this email reaches you well. My name is Emily Johnson, and I am a resident of the Cozy Apartments located on Maple Street.

I am writing to bring to your attention a persistent issue that has been affecting the peaceful atmosphere of our apartment <u>complex</u>. The noise coming from the beer pub located adjacent to our building has become increasingly disruptive, especially during late hours of the night.

As a resident of the Cozy Apartments, I value the tranquility and comfort of my living environment. However, the loud music, rowdy behavior, and commotion from the beer pub have been causing disturbances, making it difficult for me and my neighbors to enjoy a peaceful night's rest.

I kindly request that you take appropriate actions to address this issue with the management of the beer pub. Perhaps implementing soundproofing measures or establishing noise regulations could help mitigate the disturbance and ensure a more peaceful coexistence between the residents and the establishment.

Thank you for your attention to this matter. I trust that you will take the necessary steps to resolve this issue promptly and restore the comfortable living environment that we all deserve.

Sincerely,
Emily Johnson

01 윗글의 목적으로 가장 적절한 것은?

① 아파트 단지에서 지역 행사를 개최할 수 있는 허가를 요청하려고
② 근처의 운동장으로부터 과도한 소음을 신고하려고
③ 새 이웃으로부터 발생하는 소음 방해에 대한 불평을 하려고
④ 아파트 단지 옆의 맥줏집으로부터 발생하는 소음에 대한 조치를 요청하려고

02 밑줄 친 "complex"의 의미와 가장 가까운 것은?

① block ② capital ③ stress ④ figure

2 문제 풀이 전략 학습하기

'목적' 유형 문제 풀이 전략

STEP 1 선지 확인 → 내용 예측하기

① **아파트** 단지에서 지역 행사를 개최할 수 있는 허가를 요청하려고
② 근처의 **운동장**으로부터 과도한 소음을 신고하려고
③ 새 **이웃**으로부터 발생하는 소음 방해에 대한 불평을 하려고
④ **아파트** 단지 옆의 맥줏집으로부터 발생하는 소음에 대한 조치를 요청하려고

STEP 2 지문 확인 → 단서(목적을 나타내는 문장) 찾기

STEP 3 단서 확인 후 선지 분석하기 → 오답 소거 후 정답 도출

단서	**I am writing** to bring to your attention a persistent issue that has been affecting the peaceful atmosphere of our apartment complex. 저는 우리 아파트 단지의 평화로운 분위기에 영향을 주고 있는 끊임없이 지속되는 문제에 대해 당신의 관심을 촉구하고자 글을 씁니다. **I kindly request** that you take appropriate actions to address this issue with the management of the beer pub. 저는 당신이 맥줏집의 관리자와 이 문제를 해결하기 위한 적절한 조치를 취해 주시기를 요청드립니다.
선택지 분석	① 아파트 단지에서 지역 행사를 개최할 수 있는 허가를 요청하려고 ② 근처의 운동장으로부터 과도한 소음을 신고하려고 ③ 새 이웃으로부터 발생하는 소음 방해에 대한 불평을 하려고 ④ 아파트 단지 옆의 맥줏집으로부터 발생하는 소음에 대한 조치를 요청하려고

정답 ④

난이도

'유의어' 유형 문제 풀이 전략

STEP 1 밑줄 친 어휘를 포함한 지문 해석하기

I am writing to bring to your attention a persistent issue that has been affecting the peaceful atmosphere of our apartment **complex**.

저는 우리 아파트 **단지**의 평화로운 분위기에 영향을 주고 있는 끊임없이 지속되는 문제에 대해 당신의 관심을 촉구하고자 글을 씁니다.

STEP 2 맥락에 맞는 정확한 뜻 확인

complex의 뜻	해당 뜻과 관련된 예문
1 (건물) 단지, 복합 건물	Does that apartment **complex** have a nice living environment? 그 아파트 **단지** 주변 환경이 좋나요?
2 복잡한	It's a complex issue, but he only sees it in black and white. 그것은 복잡한 쟁점인데 그는 그것을 흑백 논리로만 본다.
3 집합체, 복합물	The British civilization is a complex of advanced imperial civilizations. 영국 문명은 선진 제국 문명들의 집합체이다.
4 콤플렉스, 강박 관념	He has a complex about his height. 그는 자신의 키에 대해 콤플렉스가 있다.

STEP 3 선택지 분석 → 밑줄 친 어휘의 뜻과 비슷한 선지 고르기

선지	뜻
① **block**	1 **(건물) 단지** 2 덩어리, 토막 3 구역, 블록 4 건물, 관 5 장애, 방해 6 막다, 차단하다
② capital	1 수도 2 대문자 3 자본 4 자본의 5 주요한 6 대문자의 7 사형의
③ stress	1 스트레스 2 압박, 긴장 3 중점, 강조 4 강세 5 강조하다 6 강세를 두다 7 스트레스를 주다
④ figure	1 수치, 숫자 2 계산, 산수 3 인물, 모습 4 중요하다 5 생각[판단]하다 6 계산하다

정답 ①

난이도

3 중요 표현 복습하기

어휘 복습 TEST

❶ persistent ______

❷ complex ______

❸ adjacent ______

❹ disruptive ______

❺ rowdy ______

❻ tranquility ______

❼ commotion ______

❽ mitigate ______

어휘 복습 ANSWER

❶ persistent 끊임없이 지속되는, 끈질긴

❷ complex (건물) 단지, 복합 건물, 복잡한, 복합의

❸ adjacent 인접한, 가까운

❹ disruptive 지장을 주는, 분열시키는

❺ rowdy 소란스러운, 떠들썩한, 난폭한

❻ tranquility 평온, 고요

❼ commotion 소동, 소란

❽ mitigate 경감[완화]시키다

4 지문 해석 확인하기

수신인 : Cozy 아파트 담당자
발신인 : Emily Johnson
날짜 : 2월 9일
제목 : 맥줏집에 대한 소음 불만

친애하는 관리자님에게,

이 이메일이 당신에게 잘 도착하기를 바랍니다. 제 이름은 Emily Johnson이며, 저는 메이플가에 위치한 Cozy 아파트의 거주자입니다.

저는 저희 아파트 단지의 평화로운 분위기에 영향을 주고 있는 끊임없이 지속되는 문제에 대해 관심을 촉구하고자 글을 씁니다. 저희 건물에 인접해 있는 맥줏집에서 나오는 소음이 특히 밤늦은 시간에 점점 지장을 주고 있습니다.

Cozy 아파트 거주자로서, 제가 사는 주거 환경의 평온함과 편안함을 소중하게 생각합니다. 그러나 맥줏집에서 나오는 큰 음악 소리, 소란스러운 행동, 그리고 소동이 저와 이웃들이 평화로운 밤의 휴식을 즐기는 것을 어렵게 만들고 있습니다.

저는 맥줏집의 관리자와 이 문제를 해결하기 위한 적절한 조치를 취해 주시기를 요청드립니다. 아마도 방음 조치를 시행하거나 소음 규제를 도입하는 것이 이러한 소란을 경감시키고 거주자와 시설 간의 더 평화로운 공존을 보장할 수 있을 것입니다.

이 문제에 대한 관심에 감사드립니다. 당신이 필요한 조치를 신속히 취해 이 문제를 해결하고, 저희 모두가 받을 자격이 있는 편안한 생활환경을 회복할 것을 믿습니다.

진심으로,
Emily Johnson

Unit 02 2025년 출제 기조 전환 연습 문제 ⑦

1 문제 풀어보기

[01-02] 다음 글을 읽고 물음에 답하시오. 제한시간 2분

Send Preview Save

To	Perkins
From	Shella Collins
Date	May 7
Subject	Regarding Recruitment

My PC Browse

Times New 10pt G G G G G

Dear Mr. Perkins,

Thank you for <u>submitting</u> your work samples and taking the time to discuss your perspectives on the editor's role we currently have available. After carefully reviewing your portfolio and considering our previous conversation, particularly regarding your approach to handling analytical topics, I have spent considerable time deliberating. Since our discussion, I have also conducted interviews with several other candidates who possess extensive editorial backgrounds.

Through this process, it has become evident that proficiency in analytical skills and technical knowledge is essential for this position. While I appreciate your interest and your contributions, I must acknowledge that your background may not align perfectly with the requirements of the role. Additionally, considering the nature of the job and the necessary training period, it seems that you might not be the ideal candidate for this position.

It is regretful that I inform you that we have decided to engage other candidates for the position. Nonetheless, I sincerely appreciate your interest in joining our team and your engagement throughout the application process. Should there be any future opportunities that better match your skills and experience, we will certainly keep you in mind. Thank you once again for your interest and effort.

Sincerely,
Shella Collins Personnel Director

01 윗글의 목적으로 가장 적절한 것은?

① 편집자직에 필요한 업무 능력을 설명하려고
② 지원자를 편집자로 채용할 수 없음을 알리려고
③ 프리랜서로 편집일을 맡아 달라는 부탁을 하려고
④ 편집자 교육 과정에 불참한 것에 대한 유감을 표하려고

02 밑줄 친 "submitting"의 의미와 가장 가까운 것은?

① stating ② yielding ③ rendering ④ breaking

2 문제 풀이 전략 학습하기

'목적' 유형 문제 풀이 전략

STEP 1 선지 확인 → 내용 예측하기

① **편집자직**에 필요한 업무 능력을 설명하려고
② 지원자를 **편집자**로 채용할 수 없음을 알리려고
③ 프리랜서로 **편집일**을 맡아 달라는 부탁을 하려고
④ **편집자** 교육 과정에 불참한 것에 대한 유감을 표하려고

STEP 2 지문 확인 → 단서(목적을 나타내는 문장) 찾기

STEP 3 단서 확인 후 선지 분석하기 → 오답 소거 후 정답 도출

단서	**I must acknowledge** that your background may not align perfectly with the requirements of the role. 저는 당신의 경력이 역할의 요구 조건과 완벽하게 일치하지 않을 수도 있다는 것을 인정해야 합니다. **It is regretful** that I inform you that we have decided to engage other candidates for the position. 이 자리에 다른 후보자들을 고용하기로 결정했음을 당신에게 알려드리게 되어 유감입니다.
선택지 분석	① 편집자직에 필요한 업무 능력을 설명하려고 ② 지원자를 편집자로 채용할 수 없음을 알리려고 ③ 프리랜서로 편집일을 맡아 달라는 부탁을 하려고 ④ 편집자 교육 과정에 불참한 것에 대한 유감을 표하려고

정답 ②

난이도

'유의어' 유형 문제 풀이 전략

STEP 1 밑줄 친 어휘를 포함한 지문 해석하기

Thank you for **submitting** your work samples and taking the time to discuss your perspectives on the editor's role we currently have available.
당신의 작업 샘플을 **제출해** 주시고, 시간을 내어 현재 저희가 제공하고 있는 편집자 역할에 대한 당신의 의견을 논의해 주셔서 감사합니다.

STEP 2 맥락에 맞는 정확한 뜻 확인

submit의 뜻	해당 뜻과 관련된 예문
1 제출하다	The plan will be **submitted** to the committee for official approval. 그 계획은 공식적인 승인을 위해 위원회에 **제출될** 것이다.
2 항복[굴복]하다	They finally submitted to threats. 그들은 마침내 위협에 굴복했다.
3 말하다, 진술하다	I submit, therefore, that there is no case to answer on his allegations of bribery and corruption. 그러므로, 저는 그의 뇌물 수수 및 비리 혐의에 대해 답변드릴 상황은 아니라고 진술합니다.

STEP 3 선택지 분석 → 밑줄 친 어휘의 뜻과 비슷한 선지 고르기

선지	뜻
① state	1 상태 2 국가, 나라 3 주(州) 4 말하다, 진술하다
② yield	1 내다[산출/생산]하다 2 항복[굴복]하다 3 양도[양보]하다 4 산출, 생산량
③ render	1 **제출[제시]하다** 2 만들다 3 주다
④ break	1 깨다, 부수다 2 고장나다[내다] 3 어기다, 위반하다 4 (관계를) 끊다, 끊내다 5 (지폐를 동전으로) 바꾸다 6 쉬다[휴식하다]

정답 ③

난이도

3 중요 표현 복습하기

어휘 복습 TEST

❶ perspective ______

❷ considerable ______

❸ deliberate ______

❹ candidate ______

❺ proficiency ______

❻ acknowledge ______

❼ align ______

❽ regretful ______

❾ engage ______

❿ keep in mind ______

어휘 복습 ANSWER

❶ perspective 관점, 견해, 시각, 균형감, 전망, 원근법

❷ considerable 상당한, 많은

❸ deliberate 숙고하다, 고의의, 의도적인, 신중한

❹ candidate 후보자, 지원자, 출마자

❺ proficiency 능숙, 능란, 숙달, 숙련

❻ acknowledge 인정하다, 승인하다, 감사하다

❼ align 나란히[가지런히, 일직선으로]하다, (~에 맞춰서) ~을 조정[조절]하다

❽ regretful 유감스러워하는, 후회하는

❾ engage 고용하다, 종사[관여 · 몰두]하게 하다, 사로잡다[끌다], 약속하다, 약혼시키다

❿ keep in mind 염두에 두다, 명심하다

4 지문 해석 확인하기

수신인 : Perkins
발신인 : Shella Collins
날짜 : 5월 7일
제목 : 채용에 관해서

Perkins 씨께

당신의 작업 샘플을 제출해 주시고, 시간을 내어 현재 우리가 제공하고 있는 편집자 역할에 대한 당신의 견해를 논의해 주셔서 감사합니다. 당신의 포트폴리오를 면밀히 검토하고, 특히 분석적 주제를 다루는 당신의 접근 방식에 대해 이전 대화를 고려한 후, 저는 상당한 시간을 숙고했습니다. 논의 이후, 저는 광범위한 편집 경험을 가진 여러 후보자들과도 인터뷰를 진행했습니다.

이러한 과정을 통해 분석 기술과 기술 지식의 능숙도가 이 직책에 필수적임이 분명해졌습니다. 당신의 관심과 기여는 감사드리지만, 저는 당신의 경력이 역할의 요구 조건과 완벽하게 일치하지 않을 수도 있다는 것을 인정해야 합니다. 또한 직무의 특성과 필요한 교육 기간을 고려할 때, 당신은 그 직책에 이상적인 후보자가 아닌 것 같습니다.

이 자리에 다른 후보자들을 고용하기로 결정했음을 당신에게 알려드리게 되어 유감입니다. 그럼에도 불구하고 우리 팀의 합류에 관심 가져 주시고 지원 과정 내내 참여해 주셔서 진심으로 감사드립니다. 앞으로 당신의 기술과 경험에 더 부합하는 기회가 있다면 반드시 당신을 염두에 두겠습니다. 당신의 관심과 노력에 다시 한번 감사드립니다.

진심으로,
인사부장 Shella Collins

Unit 02 2025년 출제 기조 전환 연습 문제 ⑧

1 문제 풀어보기

[01-02] 다음 글을 읽고 물음에 답하시오. 제한시간 2분

Send Preview Save

To	Thompson
From	Sophia Walker
Date	September 17
Subject	Culinary Creations Competition

My PC Browse

Times New ▾ 10pt ▾ G G G G G

Dear Ms. Thompson,

I hope this email finds you well. I am writing to inquire about the recipe I recently submitted for the Culinary Creations Competition. A few days ago, after much time and preparation, I submitted my recipe. However, upon further <u>reflection</u> and experimentation in the kitchen, I have developed an even more tantalizing recipe that I believe would showcase my culinary skills more effectively.

I have carefully reviewed the contest guidelines on the competition website, but I couldn't find any specific information regarding the process for changing submitted recipes. As such, I am reaching out to inquire whether it would be possible for me to update my submission with my latest recipe creation.

I am confident that this new recipe not only meets but exceeds the standards set forth by the competition, and I am excited about the prospect of sharing it with the judges and attendees. Your assistance in this matter would be greatly appreciated.

Sincerely,
Sophia Walker

01 윗글의 목적으로 가장 적절한 것은?

① 요리 대회 일정을 안내하려고
② 요리 대회 심사 결과를 확인하려고
③ 요리법 변경 가능 여부를 문의하려고
④ 새로운 요리법 개발을 요청하려고

02 밑줄 친 "reflection"의 의미와 가장 가까운 것은?

① credit ② respect ③ reserve ④ deliberation

2 문제 풀이 전략 학습하기

'목적' 유형 문제 풀이 전략

STEP 1 선지 확인 → 내용 예측하기

① **요리** 대회 일정을 안내하려고
② **요리** 대회 심사 결과를 확인하려고
③ **요리법** 변경 가능 여부를 문의하려고
④ 새로운 **요리법** 개발을 요청하려고

STEP 2 지문 확인 → 단서(목적을 나타내는 문장) 찾기

STEP 3 단서 확인 후 선지 분석하기 → 오답 소거 후 정답 도출

단서	**I am reaching out to** inquire whether it would be possible for me to update my submission with my latest recipe creation. 저는 제 최신 요리법 창작품을 제출물로 업데이트할 수 있는지 문의드리고자 연락드립니다.
선택지 분석	① 요리 대회 일정을 안내하려고 ② 요리 대회 심사 결과를 확인하려고 ③ 요리법 변경 가능 여부를 문의하려고 ④ 새로운 요리법 개발을 요청하려고

정답 ③

난이도

'유의어' 유형 문제 풀이 전략

STEP 1 밑줄 친 어휘를 포함한 지문 해석하기

However, upon further **reflection** and experimentation in the kitchen, I have developed an even more tantalizing recipe that I believe would showcase my culinary skills more effectively.
하지만, 주방에서 더 **숙고**하고 실험한 후에, 저는 제 요리 실력을 더 효과적으로 보여줄 수 있을 것 같은 훨씬 더 감질나는 요리법을 개발했습니다.

STEP 2 맥락에 맞는 정확한 뜻 확인

reflection의 뜻	해당 뜻과 관련된 예문
1 (심사) 숙고	During his vacation, he spent time in **reflection** about his future goals. 휴가 동안 그는 자신의 미래 목표에 대해 **숙고**하는 시간을 보냈다.
2 반사	The reflection of the moonlight created a beautiful scene on the lake. 달빛의 반사가 호수에 아름다운 장면을 만들어냈다.
3 반영	His actions are a reflection of his true character. 그의 행동은 그의 진정한 성격을 반영한다.

STEP 3 선택지 분석 → 밑줄 친 어휘의 뜻과 비슷한 선지 고르기

선지	뜻
① credit	1 신용(거래), 신뢰, 명성, 평판 2 인정 3 학점
② respect	1 존경 2 존중 3 관계, 관련 4 안부 5 존경하다 6 존중하다
③ reserve	1 비축[물] 2 보호 구역 3 예약하다 4 비축하다 5 보류하다
④ deliberation	1 **숙고, 숙려** 2 신중함 3 고의

정답 ④

난이도

3 중요 표현 복습하기

어휘 복습 TEST

❶ culinary ______

❷ reflection ______

❸ tantalize ______

❹ submit ______

❺ meet ______

❻ standard ______

❼ set forth ______

❽ prospect ______

❾ judge ______

❿ as such ______

어휘 복습 ANSWER

❶ culinary	요리의, 음식의	❻ standard	기준, 표준, 일반적인, 보통의
❷ reflection	(심사) 숙고, 반사, 반향, 반영	❼ set forth	제시하다, 발표하다, 출발하다
❸ tantalize	감질나게[애타게] 하다	❽ prospect	가능성, 가망, 예상, 전망, 조사하다, 탐사하다
❹ submit	제출하다, 진술하다, 항복[굴복]하다	❾ judge	심판, 판사, 판단하다
❺ meet	충족시키다, 만나다	❿ as such	그런 이유로, 그렇기 때문에

4 지문 해석 확인하기

수신인 : Thompson
발신인 : Sophia Walker
날짜 : 9월 17일
제목 : 요리 창작 경연 대회

Thompson님께,
이 이메일이 당신에게 잘 도착하기를 바랍니다. 요리 창작 경연 대회를 위해 제가 최근 제출한 요리법에 관해 문의드리려고 글을 씁니다. 며칠 전에, 저는 많은 시간과 준비 후에 제 요리법을 제출했습니다. 하지만, 주방에서 더 숙고하고 실험한 후에, 저는 제 요리 실력을 더 효과적으로 보여줄 수 있을 것 같은 훨씬 더 감질나는 요리법을 개발했습니다.

경연 대회 웹사이트에 있는 공모전 가이드라인을 꼼꼼히 검토했지만, 제출한 요리법을 변경하는 절차에 대한 구체적인 정보를 찾을 수 없었습니다. 그런 이유로, 저는 제 최신 요리법 창작품을 제출물로 업데이트할 수 있는지 여부를 문의드리고자 연락드립니다.

저는 이 새로운 요리법이 대회에서 제시한 기준을 충족할 뿐만 아니라 넘어설 것이라 확신하며, 심사위원 및 참석자들과 그것을 공유할 수 있는 가능성에 대해 흥분하고 있습니다. 이 문제에 대해 도움을 주시면 대단히 감사하겠습니다.

진심으로,
Sophia Walker

Unit 02 2025년 출제 기조 전환 연습 문제 ⑨

1 문제 풀어보기

[01-02] 다음 글을 읽고 물음에 답하시오. 제한시간 2분

Send Preview Save

To: Anderson
From: Emily Parker
Date: September 5
Subject: Annual Book Donation Event

My PC Browse

Times New 10pt G G G G G

Dear Mrs. Anderson,

Thank you for your inquiry regarding how to contribute children's books to our annual book donation event. We're excited to announce that this year's book donation event will span an entire week, starting from September 10th and concluding on September 16th. During this period, book donations will be accepted round the clock.

We have designated two convenient locations for donations: Maplewood Children's Library and Willow Community Center. At both sites, you'll find <u>prominent</u> blue donation boxes placed at the main entrances for your convenience. If visiting these locations is not feasible for you, don't worry! You can also directly mail the books you have to our organization.

Your unstinting contributions will go a long way in supporting children in need within our community who may not have access to books otherwise. We hope that this additional information will streamline the donation process for our readers. Thank you once again for your unwavering support.

Sincerely,
Emily Parker

01 윗글의 목적으로 가장 적절한 것은?

① 도서 기부 행사에 자원 봉사자를 모집하려고
② 아동 도서를 기부하는 방법을 안내하려고
③ 지역 아동들의 독서량 조사를 제안하려고
④ 독서 교육 프로그램 참여 방법을 문의하려고

02 밑줄 친 "prominent"의 의미와 가장 가까운 것은?

① even ② conspicuous ③ domestic ④ mean

2 문제 풀이 전략 학습하기

'목적' 유형 문제 풀이 전략

STEP 1 선지 확인 → 내용 예측하기

① 도서 기부 행사에 자원 봉사자를 모집하려고
② 아동 도서를 기부하는 방법을 안내하려고
③ 지역 아동들의 독서량 조사를 제안하려고
④ 독서 교육 프로그램 참여 방법을 문의하려고

STEP 2 지문 확인 → 단서(목적을 나타내는 문장) 찾기

STEP 3 단서 확인 후 선지 분석하기 → 오답 소거 후 정답 도출

단서	**Thank you for your inquiry regarding** how to contribute children's books to our annual book donation event. 연례 도서 기부 행사에 아동용 도서를 기부하는 방법에 대해 문의해 주셔서 감사합니다.
선택지 분석	① 도서 기부 행사에 자원 봉사자를 모집하려고 ② 아동 도서를 기부하는 방법을 안내하려고 ③ 지역 아동들의 독서량 조사를 제안하려고 ④ 독서 교육 프로그램 참여 방법을 문의하려고

정답 ②

난이도

'유의어' 유형 문제 풀이 전략

STEP 1 밑줄 친 어휘를 포함한 지문 해석하기

At both sites, you'll find **prominent** blue donation boxes placed at the main entrances for your convenience.

두 장소 모두에서, 당신은 당신의 편의를 위해 정문에 배치된 **눈에 잘 띄는** 파란색 기부 상자들을 찾으실 수 있습니다.

STEP 2 맥락에 맞는 정확한 뜻 확인

prominent의 뜻	해당 뜻과 관련된 예문
1 두드러진, 눈에 잘 띄는	The story was given a **prominent** position on the front page. 그 기사는 신문 1면의 **눈에 잘 띄는** 위치에 실려 있었다.
2 중요한, 탁월한	He played a prominent role in making the decision. 그는 결정하는 데 중요한 역할을 했다.
3 저명한, 유명한	She is their most prominent member of alumni. 그녀는 그들의 졸업생 중에 가장 유명한 일원이다.
4 툭 튀어나온, 돌출된	She has a prominent nose that gives her a distinctive look. 그녀는 돌출된 코를 가졌으며, 이는 그녀에게 독특한 외모를 부여한다.

STEP 3 선택지 분석 → 밑줄 친 어휘의 뜻과 비슷한 선지 고르기

선지	뜻
① even	1 ~도, ~조차 2 훨씬 3 평평한 4 고른, 일정한
② **conspicuous**	1 **눈에 잘 띄는** 2 뚜렷한 3 저명한, 유명한
③ domestic	1 국내의 2 가정의 3 길들인
④ mean	1 의미하다, 뜻하다 2 의도하다, 작정하다 3 인색한 4 평균의

정답 ②

난이도

3 중요 표현 복습하기

어휘 복습 TEST

❶ span ____________

❷ round the clock ____________

❸ designate ____________

❹ feasible ____________

❺ unstinting ____________

❻ go a long way ____________

❼ streamline ____________

❽ unwavering ____________

어휘 복습 ANSWER

❶ span 걸치다, 걸쳐 이어지다, 포괄하다, 기간, 폭[범위]

❷ round the clock 24시간 내내, 밤낮으로

❸ designate 지정하다, 지명하다, 표시하다

❹ feasible 실현 가능한, 실행할 수 있는

❺ unstinting 아낌없는

❻ go a long way 크게 도움이 되다, 오래가다

❼ streamline 간소화[능률화]하다

❽ unwavering 변함없는, 확고한

4 지문 해석 확인하기

수신인: Anderson
발신인: Emily Parker
날짜: 9월 5일
제목: 연례 도서 기부 행사

Anderson님께

연례 도서 기부 행사에 아동용 도서를 기부하는 방법에 대해 문의해 주셔서 감사합니다. 올해의 도서 기부 행사는 9월 10일부터 시작하여 9월 16일에 마무리하며 한 주 내내 진행될 것임을 알리게 되어 기쁩니다. 이 기간 동안 24시간 내내 도서 기증을 받을 것입니다.

우리는 기부를 하기에 접근이 편리한 두 곳을 지정했습니다. Maplewood 어린이 도서관과 Willow 커뮤니티 센터입니다. 두 장소 모두에서, 당신은 당신의 편의를 위해 정문에 배치된 눈에 잘 띄는 파란색 기부 상자들을 찾으실 수 있습니다. 만약 이 장소에 방문하는 것이 가능하지 않아도, 걱정하지 마세요! 당신은 당신이 가지고 있는 책들을 우리 단체에 직접 우편으로도 보낼 수 있습니다.

당신의 아낌없는 기부는 우리 지역 내에서 책을 이용할 수 없는 아이들을 지원하는 데 크게 도움이 될 것입니다. 우리는 이러한 추가 정보가 독자분들의 기부 절차를 간소화할 것을 바랍니다. 당신의 변함없는 지지에 다시 한번 감사드립니다.

진심으로,
Emily Parker

Unit 02 2025년 출제 기조 전환 연습 문제 ⑩

1 문제 풀어보기

[01-02] 다음 글을 읽고 물음에 답하시오. 제한시간 2분

Send Preview Save

To	Staff
From	Laura Alfaro
Date	April 5
Subject	"Tiny Explorers" Event

My PC Browse

Times New ▾ 10pt ▾ G G G G G

Dear Staff,

I am thrilled to announce that next Monday, Nature's Harmony Park will be hosting a special event called "Tiny Explorers" for our youngest visitors. This event promises to be a fun-filled day of outdoor activities and picnics for parents and children alike. As we prepare to welcome our guests, safety remains our top priority.

In anticipation of the event, I would like to remind everyone of the importance of conducting thorough safety checks throughout the park. Each department manager is responsible for ensuring that all potentially hazardous equipment and machinery are securely stored away. Additionally, we will <u>refrain</u> from using any garden chemicals during the event to ensure the safety of our guests, particularly the toddlers.

Your cooperation in this safety initiative is greatly appreciated. Together, let's work to make this year's "Tiny Explorers" event the most memorable and enjoyable one yet.

Always grateful for your efforts,
Laura Alfaro, Managing Director

01 윗글의 목적으로 가장 적절한 것은?

① 안전한 행사를 위한 준비를 지시하려고
② 노후 장비 교체 일정을 안내하려고
③ 특별 행사의 초대장을 나눠주려고
④ 행사하는 공원의 통제 여부를 확인하려고

02 밑줄 친 "refrain"의 의미와 가장 가까운 것은?

① abstain ② transmit ③ correspond ④ discharge

2 문제 풀이 전략 학습하기

'목적' 유형 문제 풀이 전략

STEP 1 선지 확인 → 내용 예측하기

① 안전한 행사를 위한 준비를 지시하려고
② 노후 장비 교체 일정을 안내하려고
③ 특별 행사의 초대장을 나눠주려고
④ 행사하는 공원의 통제 여부를 확인하려고

STEP 2 지문 확인 → 단서(목적을 나타내는 문장) 찾기

STEP 3 단서 확인 후 선지 분석하기 → 오답 소거 후 정답 도출

단서	**I would like to remind** everyone of the importance of conducting thorough safety checks throughout the park. 저는 공원 전체에서 철저한 안전 점검을 하는 것의 중요성을 모두에게 상기시키고 싶습니다.
선택지 분석	① 안전한 행사를 위한 준비를 지시하려고 ② 노후 장비 교체 일정을 안내하려고 ③ 특별 행사의 초대장을 나눠주려고 ④ 행사하는 공원의 통제 여부를 확인하려고

정답 ①

난이도

'유의어' 유형 문제 풀이 전략

STEP 1 밑줄 친 어휘를 포함한 지문 해석하기

Additionally, we will **refrain** from using any garden chemicals during the event to ensure the safety of our guests, particularly the toddlers.

게다가, 우리는 손님, 특히 유아들의 안전을 보장하기 위해 행사 기간 동안 어떠한 정원 화학 물질 사용을 **삼갈** 것입니다.

STEP 2 맥락에 맞는 정확한 뜻 확인

refrain의 뜻	해당 뜻과 관련된 예문
삼가다, 그만두다, 억제[자제]하다	Please **refrain** from smoking. 담배는 **삼가** 주십시오.

STEP 3 선택지 분석 → 밑줄 친 어휘의 뜻과 비슷한 선지 고르기

선지	뜻
① **abstain**	1 **삼가다, 절제[자제]하다** 2 (투표에서) 기권하다
② transmit	1 전송하다, 송신하다 2 전염시키다 3 (열 · 전기 · 소리 등을) 전도하다
③ correspond	1 일치[부합]하다 2 해당[상응]하다 3 서신을 주고받다
④ discharge	1 (짐을) 내리다 2 방출하다 3 해방시키다 4 해고시키다 5 제대[퇴원]시키다

정답 ①

난이도

3 중요 표현 복습하기

어휘 복습 TEST

❶ host		❹ refrain from	
❷ thorough		❺ toddler	
❸ hazardous		❻ initiative	

어휘 복습 ANSWER

❶ host	주최하다, 진행하다, 주인, 주최측	❹ refrain from	~를 삼가다, 그만두다, 억제[자제]하다
❷ thorough	철저한, 빈틈없는	❺ toddler	유아, 걸음마를 배우는 아이
❸ hazardous	위험한	❻ initiative	계획, 진취성, 주도권, 처음의, 발달의

4 지문 해석 확인하기

수신인: 전체 직원
발신인: Laura Alfaro
날짜: 4월 5일
제목: "작은 탐험가들" 행사

친애하는 직원 여러분,

다음 주 월요일에, Nature's Harmony 공원에서 우리의 가장 어린 방문객들을 위한 "작은 탐험가들"이라는 특별 행사를 주최하는 것을 알리게 되어 기쁩니다. 이 행사는 부모와 아이들 둘 다를 위한 야외 활동과 소풍으로 재미로 가득한 하루가 될 것으로 약속합니다. 손님들을 맞이하기 위해 준비하는 동안에 안전이 우리의 최우선 과제로 남아 있습니다.

행사를 기대하며, 저는 공원 전체에서 철저한 안전 점검을 하는 것의 중요성을 모두에게 상기시키고 싶습니다. 각 부서 관리자는 잠재적으로 위험한 장비와 기계가 안전하게 보관되어 있는지 확인할 책임이 있습니다. 게다가, 우리는 손님, 특히 유아들의 안전을 보장하기 위해 행사 기간 동안 어떠한 정원 화학 물질 사용을 삼갈 것입니다.

이 안전 계획에 대한 여러분의 협조에 크게 감사드립니다. 함께하여, 올해의 "작은 탐험가들" 행사가 지금까지 가장 기억에 남고 즐거운 행사가 될 수 있도록 만들어 봅시다.

노력에 항상 감사드리며,
전무이사 Laura Alfaro

Unit 02 2025년 출제 기조 전환 연습 문제 ⑪

1 문제 풀어보기

[01-02] 다음 글을 읽고 물음에 답하시오. 제한시간 2분

Send Preview Save

To	Community Members
From	Joanna
Date	December 1
Subject	Donation Boxes

My PC Browse

Times New 10pt G G G G G

Dear Community Members,

It's cold, so be careful not to catch a cold and have a happy holiday. This year, we aim to spread joy and support to those in need within our community. To participate in this meaningful cause, kindly consider contributing non-perishable food items to our donation boxes.

These boxes are conveniently placed in the main lobbies of the campus libraries for easy access. You can donate your donations during the <u>regular</u> library operating hours from December 4th to December 23rd. We earnestly request donations of non-perishable food items such as canned meats, canned fruits, packaged goods like jam and peanut butter, and other similar items. Your consistent contributions will have a positive impact on the lives of our neighbors.

We extend our heartfelt appreciation to each of you for your support and generosity. Let us come together and spread the spirit of giving this holiday season.

Sincerely,
Joanna, Campus Food Drive Coordinator

01 윗글의 목적으로 가장 적절한 것은?

① 음식 기부에 참여하는 방법을 안내하려고
② 음식 배달 자원봉사 참여에 감사하려고
③ 캠퍼스 도서관에 음식 반입 금지를 안내하려고
④ 부패하지 않는 식품의 우수성을 알릴려고

02 밑줄 친 "regular"의 의미와 가장 가까운 것은?

① relative ② plain ③ formal ④ due

2 문제 풀이 전략 학습하기

'목적' 유형 문제 풀이 전략

STEP 1 선지 확인 → 내용 예측하기

① 음식 기부에 참여하는 방법을 안내하려고
② 음식 배달 자원봉사 참여에 감사하려고
③ 캠퍼스 도서관에 음식 반입 금지를 안내하려고
④ 부패하지 않는 식품의 우수성을 알리려고

STEP 2 지문 확인 → 단서(목적을 나타내는 문장) 찾기

STEP 3 단서 확인 후 선지 분석하기 → 오답 소거 후 정답 도출

단서	✰ To participate in this meaningful cause, **kindly consider** contributing non-perishable food items to our donation boxes. 이 의미 있는 일에 참여하기 위해서 부패하지 않는 식품을 기부 박스에 기부하는 것을 부디 고려해 주세요. ✰ **We earnestly request** donations of non-perishable food items such as canned meats, canned fruits, packaged goods like jam and peanut butter, and other similar items. 우리는 통조림 고기, 통조림 과일, 잼과 땅콩버터와 같은 포장된 제품 및 기타 유사한 제품의 부패하지 않는 식품의 기부를 간곡히 요청드립니다.
선택지 분석	① 음식 기부에 참여하는 방법을 안내하려고 ② 음식 배달 자원봉사 참여에 감사하려고 ③ 캠퍼스 도서관에 음식 반입 금지를 안내하려고 ④ 부패하지 않는 식품의 우수성을 알릴려고

정답 ①

난이도

'유의어' 유형 문제 풀이 전략

STEP 1 밑줄 친 어휘를 포함한 지문 해석하기

You can donate your donations during the **regular** library operating hours from December 4th to December 23rd.
12월 4일부터 12월 23일까지 **정규** 도서관 운영 시간 동안 기부물품을 기부할 수 있습니다.

STEP 2 맥락에 맞는 정확한 뜻 확인

regular의 뜻	해당 뜻과 관련된 예문
1 정규의, 정식의	The store operates during **regular** hours from 10:00 AM to 7:00 PM. 그 상점의 **정규** 영업시간은 오전 10시부터 오후 7시까지이다.
2 정기적인, 규칙적인	Regular exercise helps boost mood. 규칙적인 운동은 기분을 좋게 만들어준다.
3 표준적인, 보통의	Would you like the regular size container or the smaller one? 표준 규격으로 드릴까요, 작은 걸로 드릴까요?
4 단골손님	There, eating alone, is one of our regulars. 거기, 혼자 식사하는 사람은 우리의 단골손님 중 한 명이다.

STEP 3 선택지 분석 → 밑줄 친 어휘의 뜻과 비슷한 선지 고르기

선지	뜻
① relative	1 상대적인 2 관계가 있는 3 친척
② plain	1 분명한, 명백한 2 보통의, 평범한 3 솔직한 4 평원
③ **formal**	1 격식을 차린, 정중한 2 공식적인, 정식의 3 **정규적인** 4 형식적인
④ due	1 ~때문[덕분]에 2 ~하기로 되어 있는, 예정된 3 (돈을) 지불해야 하는

정답 ③

난이도

3 중요 표현 복습하기

어휘 복습 TEST

❶ perishable	________	❹ canned	________
❷ operating	________	❺ consistent	________
❸ earnestly	________	❻ heartfelt	________

어휘 복습 ANSWER

❶ perishable	잘 썩는, 부패[소멸]하기 쉬운	❹ canned	통조림으로 된
❷ operating	운영[경영]의, 수술의, 조작상의	❺ consistent	변함없는, 일관된, 일치하는
❸ earnestly	간곡히, 진정으로	❻ heartfelt	진심 어린

4 지문 해석 확인하기

수신인 : 지역 주민분들
발신인 : Joanna
날짜 : 12월 1일
제목 : 기부 박스

친애하는 지역 주민분들께,

추운 날씨에 감기 조심하시고 행복한 연휴 보내시길 바랍니다. 올해는 지역 사회 내 도움이 필요한 분들에게 기쁨과 도움을 드리는 것을 목표로 하고 있습니다. 이 의미 있는 일에 참여하기 위해서 부패하지 않는 식품을 기부 박스에 기부하는 것을 부디 고려해 주세요.

이 박스들은 쉽게 찾을 수 있도록 캠퍼스 도서관의 주요 로비에 배치되어 있습니다. 12월 4일부터 12월 23일까지 정규 도서관 운영 시간 동안 기부물품을 기부할 수 있습니다. 우리는 통조림 고기, 통조림 과일, 잼과 땅콩버터와 같은 포장된 제품 및 기타 유사한 제품의 부패하지 않는 식품의 기부를 간곡히 요청드립니다. 여러분의 변함없는 기부는 우리 이웃들의 삶에 긍정적인 영향을 미칠 것입니다.

여러분의 성원과 관대함에 진심으로 감사를 표합니다. 함께 모여 이번 연휴에 기부의 정신을 전파합시다.

진심으로,
캠퍼스 식품 기부 행사 담당자 Joanna

Unit 02 2025년 출제 기조 전환 연습 문제 ⑫

1 문제 풀어보기

[01-02] 다음 글을 읽고 물음에 답하시오. 제한시간 2분

Send Preview Save

To	Manager
From	Alexandra Bennett
Date	April 16
Subject	2024 Caroline County Art Contest

My PC Browse

Times New ▼ 10pt ▼

Greetings,

I am Alexandra Bennett, the esteemed Events Manager overseeing the prestigious 2024 Caroline County Art Contest. Currently, I am in search of a optimum venue to host this year's illustrious exhibition.

The Caroline County Art Contest has garnered an impressive collection of over one hundred exquisite artworks, graciously submitted by our esteemed local artists. Embracing the theme of our contest, we sought to capture the essence of Caroline County's splendid natural landscapes and vistas. With great discernment, I have <u>identified</u> the Garden Cafe Gallery as the epitome of elegance and refinement, making it an ideal setting for our splendid event. I am confident that your gallery, renowned for its enchanting garden ambiance, will provide a picturesque backdrop that will perfectly complement the exquisite artworks to be exhibited.

I eagerly await your positive response.

Sincerely,
Events Manager, 2024 Caroline County Art Contest Alexandra Bennett

01 윗글의 목적으로 가장 적절한 것은?

① 출품 작품 전시회에 지역 예술가들을 초대하려고
② 출품 작품 전시회 장소 변경을 안내하려고
③ 출품 작품 전시회 장소 대여를 문의하려고
④ 출품 작품 전시회의 작품들의 제출을 요청하려고

02 밑줄 친 "identified"의 의미와 가장 가까운 것은?

① equated ② commited ③ beared ④ recognized

2 문제 풀이 전략 학습하기

'목적' 유형 문제 풀이 전략

STEP 1 선지 확인 → 내용 예측하기

① 출품 작품 전시회에 지역 예술가들을 초대하려고
② 출품 작품 전시회 장소 변경을 안내하려고
③ 출품 작품 전시 장소 대여를 문의하려고
④ 출품 작품 전시회의 작품들의 제출을 요청하려고

STEP 2 지문 확인 → 단서(목적을 나타내는 문장) 찾기

STEP 3 단서 확인 후 선지 분석하기 → 오답 소거 후 정답 도출

단서	Currently, **I am in search of** a optimum venue to host this year's illustrious exhibition. 현재, 저는 올해의 화려한 전시를 위한 최적의 장소를 찾고 있습니다. **I am confident** that your gallery, renowned for its enchanting garden ambiance, will provide a picturesque backdrop that will perfectly complement the exquisite artworks to be exhibited. 당신의 Gallery는 매혹적인 정원 분위기로 유명하며, 전시될 매우 아름다운 작품들을 완벽하게 보완해 줄 그림 같은 배경을 제공해 줄 거라고 확신합니다.
선택지 분석	① 출품 작품 전시회에 지역 예술가들을 초대하려고 ② 출품 작품 전시회 장소 변경을 안내하려고 ③ 출품 작품 전시회 장소 대여를 문의하려고 ④ 출품 작품 전시회의 작품들의 제출을 요청하려고

정답 ③

난이도

'유의어' 유형 문제 풀이 전략

STEP 1 밑줄 친 어휘를 포함한 지문 해석하기

I have **identified** the Garden Cafe Gallery as the epitome of elegance and refinement, making it an ideal setting for our splendid event.
뛰어난 안목으로 저는 Garden Cafe Gallery가 우아함과 세련의 정수임을 **확인했고**, 그것을 우리의 훌륭한 행사를 위한 이상적인 장소로 만들 것입니다.

STEP 2 맥락에 맞는 정확한 뜻 확인

identify의 뜻	해당 뜻과 관련된 예문
1 확인하다, 알아보다	Can you **identify** the owner of this lost wallet? 당신은 이 잃어버린 지갑의 주인을 **확인할** 수 있나요?
2 동일시하다	It is tempting to identify Tom with an Athenian painter of the same name. 같은 이름의 아테네 화가와 Tom을 동일시하는 것은 유혹적이다.
3 찾다, 발견하다	Scientists identified a link between diet and cancer. 과학자들은 식이요법과 암 사이의 연관성을 발견했다.

STEP 3 선택지 분석 → 밑줄 친 어휘의 뜻과 비슷한 선지 고르기

선지	뜻
① equate	1 동일시하다, 동등하게 생각하다
② commit	1 저지르다, 범하다 2 전념하다 3 약속하다, 내쫓다 4 맡기다
③ bear	1 참다, 견디다 2 낳다, 출산하다 3 곰
④ recognize	1 **인지하다, 알아보다** 2 인정하다 3 승인하다

정답 ④

난이도

3 중요 표현 복습하기

어휘 복습 TEST

❶ oversee		❽ essence	
❷ prestigious		❾ vista	
❸ optimum		❿ discernment	
❹ venue		⓫ identify	
❺ illustrious		⓬ refinement	
❻ exquisite		⓭ renowned	
❼ embrace		⓮ ambiance	

어휘 복습 ANSWER

❶ oversee	감독하다	❽ essence	진수, 본질
❷ prestigious	명망 있는, 일류의	❾ vista	경치, 풍경, 전망, 앞날
❸ optimum	최적의, 최고의	❿ discernment	안목, 식별, 인식
❹ venue	장소	⓫ identify	확인하다, 알아보다, 동일시하다, 찾다, 발견하다
❺ illustrious	화려한, 빛나는, 유명한, 저명한	⓬ refinement	세련, 고상함, 개선, 개량, 정제
❻ exquisite	매우 아름다운, 정교한, 강렬한, 격렬한	⓭ renowned	유명한, 명성 있는
❼ embrace	수용하다, 받아들이다, 안다, 포옹하다, 포괄하다, 아우르다	⓮ ambiance	분위기, 환경

4 지문 해석 확인하기

수신인 : 매니저
발신인 : Alexandra Bennet
날짜 : 4월 6일
제목 : 2024년 Caroline County 예술 대회

안녕하세요,

저는 명망 있는 2024년 Caroline County 예술 대회를 감독하는 행사 매니저 Alexandra Bennet입니다. 현재, 저희는 올해의 화려한 전시를 위한 최적의 장소를 찾고 있습니다.

Caroline County 예술 대회는 저희 지역 존경받는 우리 지역의 예술가들에 의해 제출된 100여 점이 넘는 매우 아름다운 작품을 소장하고 있습니다. 우리는 대회의 주제를 수용하여, Caroline County의 정말 멋진 풍경과 경치의 진수를 잡으려고 노력했습니다. 뛰어난 안목으로 저는 Garden Cafe Gallery가 우아함과 세련의 정수임을 확인했고, 그것을 우리의 훌륭한 행사를 위한 이상적인 장소로 만들 것입니다. 당신의 Gallery는 매혹적인 정원 분위기로 유명하며, 전시될 매우 아름다운 작품들을 완벽하게 보완해 줄 그림 같은 배경을 제공해 줄 거라고 확신합니다.

당신의 긍정적인 답변을 간절히 기다리겠습니다.

진심으로,
2024년 Caroline County 예술 대회 행사 매니저 Alexandra Bennet

Unit 02 2025년 출제 기조 전환 연습 문제 ⑬

1 문제 풀어보기

[01-02] 다음 글을 읽고 물음에 답하시오. 제한시간 2분

Send Preview Save

To	Members
From	Alex Johnson
Date	Agust 11
Subject	Adventure Climbers Club

My PC Browse

Times New ▾ 10pt ▾ G G G G G

Dear New Members,

Welcome to the Adventure Climbers Club! We're delighted to have you join us and embark on this exhilarating journey of rock climbing. Whether you're a <u>seasoned</u> climber or taking your first steps on the wall, we're here to support and guide you every step of the way.

We understand that starting out in a new sport can be daunting, especially when it comes to gear. That's why we're pleased to offer a convenient equipment rental service exclusively for our members. From climbing shoes to ropes, helmets, and gloves, we've got you covered. No need to worry about purchasing expensive gear right away — simply take advantage of our rental service and focus on enjoying the climb.

Join us this Saturday at 9 a.m. at our climbing site for a thrilling day on the rocks. Our skilled members will be on hand to provide assistance, offer tips, and ensure you have a safe and enjoyable climbing experience. Are you ready to conquer new heights and create unforgettable memories with the Adventure Climbers Club? We can't wait to see you there!

Sincerely,
Adventure Climbers Club Leader Alex Johnson

01 윗글의 목적으로 가장 적절한 것은?

① 일시적으로 통제되는 암벽 등반 구간을 공지하려고
② 암벽 등반의 긍정적인 효과에 대해 설명하려고
③ 암벽 등반을 위한 장비 대여에 대해 알려주려고
④ 암벽 등반 클럽의 회비 납부 방법을 통보하려고

02 밑줄 친 "seasoned"의 의미와 가장 가까운 것은?

① hard ② experienced ③ fine ④ noted

2 문제 풀이 전략 학습하기

'목적' 유형 문제 풀이 전략

STEP 1 선지 확인 → 내용 예측하기

① 일시적으로 통제되는 **암벽 등반** 구간을 공지하려고
② **암벽 등반**의 긍정적인 효과에 대해 설명하려고
③ **암벽 등반**을 위한 장비 대여에 대해 알려주려고
④ **암벽 등반** 클럽의 회비 납부 방법을 통보하려고

STEP 2 지문 확인 → 단서(목적을 나타내는 문장) 찾기

STEP 3 단서 확인 후 선지 분석하기 → 오답 소거 후 정답 도출

단서	**That's why** we're pleased to offer a convenient equipment rental service exclusively for our members. 그래서 우리는 회원들 전용으로 편리한 장비 대여 서비스를 제공하게 된 것을 기쁘게 생각합니다.
선택지 분석	① 일시적으로 통제되는 암벽 등반 구간을 공지하려고 ② 암벽 등반의 긍정적인 효과에 대해 설명하려고 ③ 암벽 등반을 위한 장비 대여에 대해 알려주려고 ④ 암벽 등반 클럽의 회비 납부 방법을 통보하려고

정답 ③

난이도

'유의어' 유형 문제 풀이 전략

STEP 1 밑줄 친 어휘를 포함한 지문 해석하기

Whether you're a **seasoned** climber or taking your first steps on the wall, we're here to support and guide you every step of the way.
여러분이 **경험 많은** 등반가이든 등반에 첫 발을 내딛든 간에, 우리는 여러분을 모든 단계에서 지원하고 안내하기 위해 여기에 있습니다.

STEP 2 맥락에 맞는 정확한 뜻 확인

seasoned의 뜻	해당 뜻과 관련된 예문
1 경험 많은, 노련한	There are **seasoned** employees in the organization that know their jobs. 해당 기관에는 자신들의 업무를 제대로 파악하고 있는 **경험 많은** 직원들이 있다.
2 양념을 한, 조미료 넣은	The seasoned chicken was delicious. 그 양념을 한 닭은 맛있었다.
3 잘 건조된	The well-seasoned wood gave the furniture a rich and warm hue. 잘 건조된 나무가 가구에 풍부하고 따뜻한 색조를 부여했다.

STEP 3 선택지 분석 → 밑줄 친 어휘의 뜻과 비슷한 선지 고르기

선지	뜻
① hard	1 이상한, 기이한 2 특유한, 고유한 3 개인의, 사유의
② **experienced**	1 **경험이 있는**, 능숙한, 노련한
③ fine	1 좋은, 훌륭한 2 고운, 미세한 3 벌금
④ noted	1 유명한, 저명한 2 악보가 달린

정답 ②

난이도

3 중요 표현 복습하기

어휘 복습 TEST

❶ embark on ____________

❷ exhilarating ____________

❸ seasoned ____________

❹ daunt ____________

❺ gear ____________

❻ exclusive ____________

❼ on hand ____________

어휘 복습 ANSWER

1. embark on — 시작하다, 착수하다
2. exhilarating — 즐거운, 신나는
3. seasoned — 경험 많은, 노련한, 양념을 한, 조미료를 넣은, 잘 건조된
4. daunt — 겁먹게[기죽게] 하다, 위협하다
5. gear — 장비, 복장, 기어
6. exclusive — 전용의, 독점적인, 배타적인, 특권층의
7. on hand — 가까이에, 구할[얻을] 수 있는

4 지문 해석 확인하기

수신인 : 회원들
발신인 : Alex Johnson
날짜 : 8월 11일
제목 : Adventure Climbers 클럽

새 회원님들에게,

Adventure Climbers 클럽에 오신 것을 환영합니다! 우리는 여러분이 함께하여 암벽 등반의 즐거운 여행을 시작할 수 있어 매우 기쁩니다. 여러분이 경험 많은 등반가이든 등반에 첫 발을 내딛든 간에, 우리는 여러분을 모든 단계에서 지원하고 안내하기 위해 여기에 있습니다.

우리는 특히 장비와 관련하여 새로운 스포츠를 시작하는 것에 겁을 먹는 것을 이해합니다. 그래서 우리는 회원들 전용으로 편리한 장비 대여 서비스를 제공하게 된 것을 기쁘게 생각합니다. 등산화부터 로프, 헬멧, 장갑에 이르기까지, 우리가 여러분들을 보호하겠습니다. 비싼 장비를 즉시 구입할 걱정을 할 필요가 없습니다 - 단순히 우리의 대여 서비스를 이용하고 등반을 즐기는 데 집중하기만 하면 됩니다.

이번주 토요일 오전 9시에 우리의 등반 장소인 암벽에서 아주 신나는 하루를 위해 우리와 함께하세요. 우리의 숙련된 회원들이 도움을 제공하고 조언을 해주며 안전하고 즐거운 등반 경험을 보장할 수 있도록 가까이에 있을 것입니다. Adventure Climbers 클럽과 함께 새로운 높이를 정복하고 잊지 못할 추억을 만들 준비가 되셨나요? 그곳에서 여러분들을 뵙기를 간절히 기다리고 있겠습니다!

진심으로,
Adventure Climbers 클럽 리더 Alex Johnson

Unit 02 2025년 출제 기조 전환 연습 문제 ⑭

1 문제 풀어보기

[01-02] 다음 글을 읽고 물음에 답하시오. 제한시간 2분

Send Preview Save

To	Parkmungak
From	Sarah Smith
Date	April 1
Subject	Inquiry for Lectures

My PC Browse

Times New 10pt G G G G G

Dear Parkmungak Team,

I hope this email finds you well. I am a student preparing for civil service exams and have been utilizing the lectures provided by Professor Jin Gayoung on your platform.

I am writing to inquire about the possibility of extending access to all of Professor Jin Gayoung's lectures that are currently available on your platform. These lectures have been immensely helpful in my preparation, and I believe that having continued access to them would greatly benefit my study progress.

Could you please provide information on whether it is possible to extend the access period for these lectures? Additionally, if there are any associated costs or <u>processes</u> for extending access, please let me know so that I can make necessary arrangements.

Thank you for your attention to this matter, and I look forward to your prompt response.

Sincerely,
Sarah Smith

01 **윗글의 목적으로 가장 적절한 것은?**

① 강의 접속의 문제를 항의하려고
② 플랫폼의 부가서비스를 신청하려고
③ 사이트 가입 절차의 간소화를 요청하려고
④ 강의 접근 기한 연장 가능 여부에 대해 문의하려고

02 **밑줄 친 "processes"의 의미와 가장 가까운 것은?**

① formalities ② treatments ③ marches ④ services

2 문제 풀이 전략 학습하기

'목적' 유형 문제 풀이 전략

STEP 1 선지 확인 → 내용 예측하기

① 강의 접속의 문제를 항의하려고
② 플랫폼의 부가서비스를 신청하려고
③ 사이트 가입 절차의 간소화를 요청하려고
④ 강의 접근 기한 연장 가능 여부에 대해 문의하려고

STEP 2 지문 확인 → 단서(목적을 나타내는 문장) 찾기

STEP 3 단서 확인 후 선지 분석하기 → 오답 소거 후 정답 도출

단서	**I am writing** to inquire about the possibility of extending access to all of Professor Jin Gayoung's lectures that are currently available on your platform. 저는 현재 당신의 플랫폼에서 제공되는 진가영 교수님의 모든 강의에 대한 접근 기한을 연장할 수 있는 가능성에 대해 문의드리고자 글을 씁니다.
선택지 분석	① 강의 접속의 문제를 항의하려고 ② 플랫폼의 부가서비스를 신청하려고 ③ 사이트 가입 절차의 간소화를 요청하려고 ④ 강의 접근 기한 연장 가능 여부에 대해 문의하려고

정답 ④

난이도

'유의어' 유형 문제 풀이 전략

STEP 1 밑줄 친 어휘를 포함한 지문 해석하기

Additionally, if there are any associated costs or **processes** for extending access, please let me know so that I can make necessary arrangements.
추가로, 제가 필요한 준비를 할 수 있도록 접근 연장에 대한 관련 비용이나 **절차**가 있다면, 알려주시길 부탁드립니다.

STEP 2 맥락에 맞는 정확한 뜻 확인

process의 뜻	해당 뜻과 관련된 예문
1 절차	We're in the **process** of selling our house. 우리는 우리 집을 매도하는 **절차**를 밟고 있다.
2 공정	The entire manufacturing process has been automated. 전체 제조 공정이 자동화되었다.
3 처리하다	We sleep for the brain to process information. 우리가 잘 때 뇌는 우리의 정보를 처리하는 작업을 한다.
4 행진하다	We see these women solemnly processing. 우리는 이 여성들이 장엄하게 행진하는 걸 볼 수 있다.

STEP 3 선택지 분석 → 밑줄 친 어휘의 뜻과 비슷한 선지 고르기

선지	뜻
① **formality**	1 **형식상[정식]의 절차** 2 형식[의례]적인 일 3 격식
② treatment	1 치료, 처리 2 대우, 처우
③ march	1 행군, 행진 2 행진하다 3 전진하다
④ service	1 서비스 2 봉사 3 근무 4 점검[정비]하다 5 (서비스를) 제공하다

정답 ①

난이도

3 중요 표현 복습하기

어휘 복습 TEST

1. utilize ____________
2. extend ____________
3. immensely ____________
4. progress ____________
5. arrangement ____________
6. matter ____________
7. look forward to ____________
8. prompt ____________

어휘 복습 ANSWER

❶ utilize	이용하다, 활용하다	❺ arrangement	준비, 마련, 합의, 협의
❷ extend	연장하다, 확대[확장]하다	❻ matter	물질, 문제, 재료, 중요하다, 문제가 되다
❸ immensely	매우, 대단히, 막대[광대]하게	❼ look forward to	~을 기대하다
❹ progress	진행, 진보, 전진하다, 진보[발달]하다	❽ prompt	신속한, 즉각적인, 자극하다, 촉구하다, 유도하다

4 지문 해석 확인하기

수신인 : 박문각 온라인 강의팀
발신인 : Sarah Smith
날짜 : 4월 1일
제목 : 강의에 대한 문의

친애하는 박문각 팀에게,

저는 이 이메일이 당신들에게 잘 도착하기를 바랍니다. 저는 공무원 시험 준비를 하고 있는 학생이고 당신들의 플랫폼에서 제공되는 진가영 교수님의 강의를 활용하고 있는 학생입니다.

저는 현재 당신들의 플랫폼에서 이용 가능한 진가영 교수님의 모든 강의에 대한 접근 기간을 연장할 수 있는 가능성에 대해 문의드리고자 글을 씁니다. 이러한 강의들은 제 준비에 매우 도움이 되고 있으며, 그것들에의 꾸준한 접근이 제 공부 진행에 대단히 이로울 것이라고 믿습니다.

이러한 강의들의 접근 기간을 연장할 수 있는지 여부에 대한 정보를 제공해 주실 수 있을까요? 추가로, 제가 필요한 준비를 할 수 있도록 접근 연장에 대한 관련 비용이나 절차가 있다면 알려주시길 부탁드립니다.

이 문제에 대한 당신들의 관심에 감사드리며, 당신의 신속한 답변을 기대합니다.

진심으로,
Sarah Smith

MEMO

진가영 영어
신경향 독해 마스터 시즌 1

진가영 영어연구소 | cafe.naver.com/easyenglish7

Chapter

02

세트형 문항 ②

안내문[제목 & 세부 정보 파악]

세트형 문항 ❷ 안내문[제목 & 세부 정보 파악]

Unit 01 2025년 출제 기조 전환 예시 문제

1 문제 풀어보기

[01-02] 다음 글을 읽고 물음에 답하시오. 제한시간 2분

2025년 출제 기조 전환 예시 문제 10, 11번

(A)

We're pleased to announce the upcoming City Harbour Festival, an annual event that brings our diverse community together to celebrate our shared heritage, culture, and local talent. Mark your calendars and join us for an exciting weekend!

Details

- **Dates** : Friday, June 16 – Sunday, June 18
- **Times** : 10 : 00 a.m. – 8 : 00 p.m. (Friday & Saturday)
  10 : 00 a.m. – 6 : 00 p.m. (Sunday)
- **Location** : City Harbour Park, Main Street, and surrounding areas

Highlights

- **Live Performances**
  Enjoy a variety of live music, dance, and theatrical performances on multiple stages throughout the festival grounds.
- **Food Trucks**
  Have a feast with a wide selection of food trucks offering diverse and delicious cuisines, as well as free sample tastings.

For the full schedule of events and activities, please visit our website at www.cityharbourfestival.org or contact the Festival Office at (552) 234-5678.

01 (A)에 들어갈 윗글의 제목으로 가장 적절한 것은?

① Make Safety Regulations for Your Community
② Celebrate Our Vibrant Community Events
③ Plan Your Exciting Maritime Experience
④ Recreate Our City's Heritage

02 City Harbour Festival에 관한 윗글의 내용과 일치하지 않는 것은?

① 일 년에 한 번 개최된다.
② 일요일에는 오후 6시까지 열린다.
③ 주요 행사로 무료 요리 강습이 진행된다.
④ 웹사이트나 전화 문의를 통해 행사 일정을 알 수 있다.

2 문제 풀이 전략 학습하기

'제목' 유형 문제 풀이 전략

STEP 1 선지 확인 → 내용 예측하기

① Make Safety Regulations for Your **Community**
② Celebrate Our Vibrant **Community** Events
③ Plan Your Exciting **Maritime Experience**
④ Recreate Our **City's Heritage**

STEP 2 지문 확인 → 주제 문장 찾기

We're pleased to announce the upcoming City Harbour Festival, an annual event that brings our diverse community together to celebrate our shared heritage, culture, and local talent. **Mark your calendars and join us** for an exciting weekend!

STEP 3 단서 확인 후 선지 분석하기 → 오답 소거 후 정답 도출

단서	We're pleased to announce the upcoming City Harbour Festival. 우리는 곧 있을 City Harbour Festival을 발표하게 되어 기쁩니다. Mark your calendars and join us. 여러분의 달력에 표시하고 우리와 함께 하세요.
선택지 분석	① 커뮤니티를 위한 안전 규정을 만들어 보세요 ② 활기찬 커뮤니티 이벤트를 기념하세요 ③ 신나는 해양 체험을 계획하세요 ④ 우리 도시의 유산을 재현하세요

정답 ②

난이도

'세부 정보 파악' 유형 문제 풀이 전략

STEP 1 선택지 확인 → 고유한 어휘를 확인하기

① **일 년**에 한 번 개최된다.
② **일요일**에는 오후 6시까지 열린다.
③ 주요 행사로 무료 **요리** 강습이 진행된다.
④ **웹사이트**나 전화 문의를 통해 행사 일정을 알 수 있다.

고유한 어휘란 다른 선택지에는 없고 하나의 선택지에만 존재하는 단어를 의미한다.

STEP 2 지문 확인 → 고유한 어휘를 기준으로 선택지에 해당하는 정보를 지문에서 찾기

하나의 선택지만 먼저 읽고 지문으로 바로 가서 내용을 확인한다.

STEP 3 선택지 분석 → 오답 소거 후 정답 도출

선지	지문
① 일 년에 한 번 개최된다.	an **annual** event
② 일요일에는 오후 6시까지 열린다.	10 : 00 a.m. – **6 : 00 p.m. (Sunday)**
③ 주요 행사로 무료 요리 강습이 진행된다.	**free sample tastings**
④ 웹사이트나 전화 문의를 통해 행사 일정을 알 수 있다.	For **the full schedule of events and activities, please visit our website** at www.cityharbourfestival.org **or contact the Festival Office** at (552) 234-5678.

정답 ③

난이도

3 중요 표현 복습하기

어휘 복습 TEST

❶ harbour ____________
❷ annual event ____________
❸ heritage ____________
❹ main street ____________
❺ feast ____________
❻ cuisine ____________

어휘 복습 ANSWER

① harbour	항구, 항만	④ main street	시내 중심가, 전형적인 미국 중산층
② annual event	연례 행사, 1년 중 행사	⑤ feast	잔치, 연회, 축제일, 포식하다
③ heritage	유산, 전승, 전통	⑥ cuisine	요리, 요리법

4 지문 해석 확인하기

우리의 활기찬 공동체 행사를 축하합시다

우리는 우리의 공유된 유산, 문화, 그리고 지역 재능을 기념하기 위해 우리의 다양한 지역 사회를 화합하게 하는 연례행사인 곧 있을 City Harbour Festival을 발표하게 되어 기쁩니다. 여러분의 달력에 표시하고 신나는 주말에 우리와 함께 하세요!

세부 사항
- **날짜**: 6월 16일, 금요일 – 6월 18일, 일요일
- **시간**: 오전 10 : 00 – 오후 8 : 00 (금, 토)
  오전 10 : 00 – 오후 6 : 00 (일)
- **장소**: City Harbour 공원, 시내 중심가, 주변 지역

하이라이트
- **라이브 공연**
  축제장 곳곳에 다수의 무대에서 다양한 라이브 음악, 춤, 그리고 연극 공연을 즐기세요.
- **푸드 트럭**
  무료 시식뿐만 아니라 다양하고 맛있는 요리를 제공하는 다양한 푸드 트럭과 함께 잔치를 즐기세요.

행사 및 활동의 전체 일정은 당사 웹사이트 www.cityharbourfestival.org를 방문하거나 축제사무소인 (552) 234-5678로 연락주세요.

Unit 02 2025년 출제 기조 전환 연습 문제 ❶

1 문제 풀어보기

[01-02] 다음 글을 읽고 물음에 답하시오. 제한시간 2분

(A) ______________________

We are thrilled to publicize the eagerly anticipated Cherry Blossom Festival, a vibrant celebration of spring and nature's beauty. Make sure to note the dates and join us for a weekend you won't forget!

Details

- **Dates** : Saturday, April 15 – Sunday, April 16
- **Times** : 10:00 a.m. – 7:00 p.m. (both days)
- **Location** : Central Park

Highlights

- **Cherry Blossom Viewing**
  Experience the breathtaking beauty of cherry blossoms in full bloom throughout Central Park's scenic pathways.
- **Family Activities**
  Participate in fun activities for all ages, including face painting, games and more.
- **Food Booths**
  There will be booths offering a variety of food and beverages.

For the full schedule of events and activities, please visit our website at www.cherryblossomfestival.org or contact the Festival Office at (123) 456-7890.

01 (A)에 들어갈 윗글의 제목으로 가장 적절한 것은?

① Embrace the Winter Wonderland
② Enjoy the Vibrant Colors of Fall
③ Experience the Spectacular Cherry Blossoms
④ Explore the Summer Beach Festival

02 Cherry Blossom Festival에 관한 윗글의 내용과 일치하는 것은?

① 축제는 매년 열린다.
② 일요일에만 오후 7시까지 열린다.
③ 다양한 음식을 직접 만들어 먹을 수 있다.
④ 행사는 이틀 동안 진행된다.

2 문제 풀이 전략 학습하기

'제목' 유형 문제 풀이 전략

STEP 1 선지 확인 → 내용 예측하기

① Embrace the **Winter** Wonderland
② Enjoy the Vibrant Colors of **Fall**
③ Experience the Spectacular **Cherry Blossoms**
④ Explore the **Summer** Beach Festival

STEP 2 지문 확인 → 주제 문장 찾기

We're thrilled to publicize the eagerly anticipated Cherry Blossom Festival, a vibrant celebration of spring and nature's beauty. **Save the date and join us** for a weekend you won't forget!

STEP 3 단서 확인 후 선지 분석하기 → 오답 소거 후 정답 도출

단서	We're thrilled to publicize the eagerly anticipated Cherry Blossom Festival, a vibrant celebration of spring and nature's beauty. 봄과 자연의 아름다움의 활기찬 축제인 벚꽃 축제를 발표하게 되어 기쁩니다. Save the date and join us. 날짜를 적어두고 우리와 함께 하세요.
선택지 분석	① 겨울 동화 나라를 품어보세요 ② 가을의 활기찬 색을 즐겨보세요 ③ 장관을 이루는 벚꽃을 경험하세요 ④ 여름 해변 축제를 둘러보세요

정답 ③

난이도

'세부 정보 파악' 유형 문제 풀이 전략

STEP 1 선택지 확인 → 고유한 어휘를 확인하기

① 축제는 매년 열린다.
② 일요일에만 오후 7시까지 열린다.
③ 다양한 음식을 직접 만들어 먹을 수 있다.
④ 행사는 이틀 동안 진행된다.

✎ 고유한 어휘란 다른 선택지에는 없고 하나의 선택지에만 존재하는 단어를 의미한다.

STEP 2 지문 확인 → 고유한 어휘를 기준으로 선택지에 해당하는 정보를 지문에서 찾기

✎ 하나의 선택지만 먼저 읽고 지문으로 바로 가서 내용을 확인한다.

STEP 3 선택지 분석 → 오답 소거 후 정답 도출

선지	지문
① ~~축제는 매년 열린다.~~	언급 없음
② ~~일요일에만 오후 7시까지 열린다.~~	10:00 a.m. – 7:00 p.m. (**both days**)
③ ~~다양한 음식을 직접 만들어 먹을 수 있다.~~	There will be booths **offering a variety of food** and beverages.
④ 행사는 이틀 동안 진행된다.	**Saturday**, April 15 – **Sunday**, April 16

정답 ④

난이도

3 중요 표현 복습하기

어휘 복습 TEST

❶ publicize ______

❷ eagerly ______

❸ anticipate ______

❹ blossom ______

❺ vibrant ______

❻ breathtaking ______

❼ scenic ______

❽ beverage ______

어휘 복습 ANSWER

❶ publicize	발표하다, 알리다, 광고[홍보]하다	❺ vibrant	활기찬, 생기가 넘치는
❷ eagerly	간절히 바라는, 열렬한	❻ breathtaking	숨이 막히는, 깜짝 놀라게 하는
❸ anticipate	기대[고대]하다, 예상하다, 예측하다	❼ scenic	경치가 좋은
❹ blossom	개화, 꽃이 피다	❽ beverage	음료

4 지문 해석 확인하기

벚꽃과 함께 봄을 기념하세요

봄과 자연의 아름다움의 활기찬 축제인 매우 기다리던 벚꽃 축제를 발표하게 되어 기쁩니다. 날짜를 적어두고 당신이 잊지 못할 주말을 우리와 함께하세요!

세부 사항
- 날짜 : 4월 15일, 토요일 – 4월 16일, 일요일
- 시간 : 오전 10:00 – 오후 7:00 (이틀 모두)
- 장소 : 센트럴 파크

하이라이트
- 벚꽃놀이 구경
  센트럴 파크의 경치가 좋은 길 곳곳에 만개한 벚꽃의 숨막히는 아름다움을 경험해 보세요.
- 가족 활동
  페이스 페인팅, 게임 등 모든 연령대를 위한 재미있는 활동에 참여하세요.

행사 및 활동의 전체 일정은 당사 홈페이지(www.cherryblossomfestival.org)를 방문하시거나 축제 사무소인 (123) 456-7890으로 문의하시기 바랍니다.

Unit 02 2025년 출제 기조 전환 연습 문제 ❷

1 문제 풀어보기

[01-02] 다음 글을 읽고 물음에 답하시오. 제한시간 2분

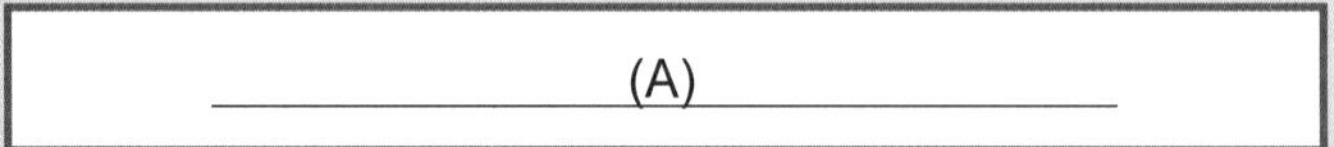

We are excited to present this unique opportunity to all students passionate about discovery and originality! Get ready to display your creativity and innovation at the Elementary Science Invention Competition!

Competition Details

- **Date** : Saturday, May 25th
- **Time** : 9:00 a.m. - 1:00 p.m.
- **Location** : Central Elementary School Gymnasium, 123 Main Street, Anytown
- **Categories**
  - Life Sciences
  - Physical Sciences
  - Earth and Environmental Sciences
  - Technology and Engineering

Prizes will be awarded to winners in each category, as well as for overall best invention.

Registration is open to elementary school students in grades 1-6. Participation is free of charge.

For more information and to register, please visit www.elementarysciencecompetition.com or contact us at sciencecompetition@example.com.

01 (A)에 들어갈 윗글의 제목으로 가장 적절한 것은?

① Win Prizes for the Best Performance
② Showcase Your Creativity and Innovation for Invention
③ Enjoy Yourself for Free at School Gymnasium
④ Register now for the Science Invention Class

02 Elementary Science Invention Competition에 관한 윗글의 내용과 일치하지 않는 것은?

① 대회는 5월 25일 토요일에 열릴 예정이다.
② 각 부문별 수상자에게 상품이 수여된다.
③ 등록은 고등학생부터 가능하다.
④ 대회 참가비는 무료이다.

2 문제 풀이 전략 학습하기

'제목' 유형 문제 풀이 전략

STEP 1 선지 확인 → 내용 예측하기

① Win Prizes for the Best **Performance**
② Showcase Your Creativity and Innovation for **Invention**
③ Enjoy Yourself for Free at **School** Gymnasium
④ Register now for the **Science Invention** Class

STEP 2 지문 확인 → 주제 문장 찾기

Get ready to showcase your creativity and innovation at the Elementary Science Invention Competition!

STEP 3 단서 확인 후 선지 분석하기 → 오답 소거 후 정답 도출

단서	Get ready to showcase your creativity and innovation at the Elementary Science Invention Competition! 여러분의 창의력과 혁신을 초등 과학 발명 대회에서 보여줄 준비를 하세요!
선택지 분석	① 최고의 공연으로 상을 타세요 ② 발명을 위한 창의력과 혁신을 보여주세요 ③ 학교 체육관에서 무료로 즐기세요 ④ 지금 과학 발명 수업에 등록하세요

정답 ②

난이도

'세부 정보 파악' 유형 문제 풀이 전략

STEP 1 선택지 확인 → 고유한 어휘를 확인하기

① 대회는 **5월 25일** 토요일에 열릴 예정이다.
② 각 부문별 **수상자**에게 상품이 수여된다.
③ 등록은 **고등학생**부터 가능하다.
④ 대회 **참가비**는 무료이다.

✎ 고유한 어휘란 다른 선택지에는 없고 하나의 선택지에만 존재하는 단어를 의미한다.

STEP 2 지문 확인 → 고유한 어휘를 기준으로 선택지에 해당하는 정보를 지문에서 찾기

✎ 하나의 선택지만 먼저 읽고 지문으로 바로 가서 내용을 확인한다.

STEP 3 선택지 분석 → 오답 소거 후 정답 도출

선지	지문
① 대회는 5월 25일 토요일에 열릴 예정이다.	**Saturday, May 25th**
② 각 부문별 수상자에게 상품이 수여된다.	**Prizes will be awarded to winners in each category**, as well as for overall best invention.
③ ~~등록은 고등학생부터 가능하다.~~	Registration is open to **elementary school students in grades 1-6**.
④ 대회 참가비는 무료이다.	Participation is **free of charge**.

정답 ③

난이도

3 중요 표현 복습하기

어휘 복습 TEST

❶ present ____________
❷ originality ____________
❸ display ____________
❹ elementary ____________
❺ gymnasium ____________
❻ registration ____________
❼ free of charge ____________

어휘 복습 ANSWER

❶ present — 주다, 증정하다, 발표하다, 현재의, 참석[출석]한, 현재, 선물

❷ originality — 독창성, 창조력, 창의

❸ display — 드러내다[보이다], 전시[진열]하다

❹ elementary — 초등학교의, 초급의, 기본적인

❺ gymnasium — 체육관, 실내 경기장

❻ registration — 등록, (우편) 등기

❼ free of charge — 무료로

4 지문 해석 확인하기

초등 과학 발명품 경진대회로의 초청

발견과 독창성에 열정을 가진 모든 학생들에게 이 독특한 기회를 제공하게 되어 기쁩니다! 여러분의 창의력과 혁신을 초등 과학 발명 대회에서 보여줄 준비를 하세요!

대회 세부 정보
- **일시**: 5월 25일, 토요일
- **시간**: 오전 9:00 – 오후 1:00
- **장소**: Anytown 시내 중심가 123번지 중앙 초등학교 체육관
- **카테고리**
  - 생명과학
  - 물리학
  - 지구 및 환경 과학
  - 기술 및 엔지니어링

최우수 발명품뿐만 아니라 각 부문별 우승자에게 상이 수여됩니다.

등록은 초등학교 1학년 부터 6학년까지 가능합니다. 참가비는 무료입니다.

자세한 정보 및 등록 방법은 www.elementarysciencecompetition.com를 방문하거나 sciencecompetition@example.com으로 문의하십시오.

Unit 02 2025년 출제 기조 전환 연습 문제 ❸

1 문제 풀어보기

[01-02] 다음 글을 읽고 물음에 답하시오. 제한시간 2분

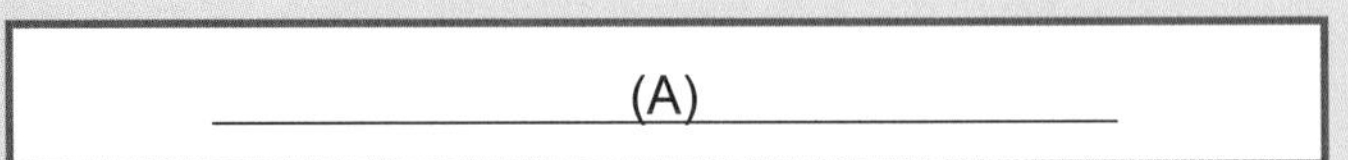

Are you eager to elevate your guitar prowess or delve into the world of guitar? Your search ends here! Enhance your guitar skills with our specialized workshop series on advanced guitar techniques.

Workshop Details

– **Dates** : Every Saturday from March 5th to April 9th
– **Time** : 2:00 p.m. - 4:00 p.m.
– **Location** : Harmony Music Academy, 456 Oak Street, Cityville

Workshop Topics

1. Fingerstyle Mastery
2. Advanced Chord Progressions
3. Soloing Techniques
4. Creative Songwriting

Registration Fee : $50 for the entire workshop series

Participants will receive personalized instruction from experienced guitar instructors and have the opportunity to practice in a supportive environment.

To reserve your spot, please contact us at workshops@harmonymusicacademy.com or visit our website at www.harmonymusicacademy.com/workshops.

01 (A)에 들어갈 윗글의 제목으로 가장 적절한 것은?

① Improve Your Guitar Skills Everyday
② Master Fingerstyle at Your Convenience
③ Sign Up for the Advanced Guitar Technique Workshop
④ Get Personalized Training from a Guitar Solo Technician

02 윗글에 관한 내용과 일치하지 않는 것은?

① 워크숍은 3월 5일부터 4월 9일까지 매주 토요일에 진행된다.
② 워크숍 주제에는 핑거스타일 숙달 및 고급 코드 진행이 포함된다.
③ 참가자들은 숙련된 기타 강사들로부터 개인별 맞춤 지도를 받게 된다.
④ 등록비는 매주 50달러이다.

2 문제 풀이 전략 학습하기

'제목' 유형 문제 풀이 전략

STEP 1 선지 확인 → 내용 예측하기

① Improve Your **Guitar** Skills Everyday
② Master **Fingerstyle** at Your Convenience
③ Sign Up for the Advanced **Guitar** Technique Workshop
④ Get Personalized Training from a **Guitar** Solo Technician

STEP 2 지문 확인 → 주제 문장 찾기

Attention all music enthusiasts! **Enhance your guitar skills with our specialized workshop series on advanced guitar techniques.**

STEP 3 단서 확인 후 선지 분석하기 → 오답 소거 후 정답 도출

단서	Enhance your guitar skills with our specialized workshop series on advanced guitar techniques. 고급 기타 기술에 대한 전문 워크숍 시리즈로 기타 기술을 향상시키세요.
선택지 분석	① 매일 기타 실력을 향상시키세요 ② 핑거스타일을 편리하게 정복하세요 ③ 고급 기타 기술 워크숍에 등록하세요 ④ 기타 솔로 기술자에게 개인 맞춤 교육을 받으세요

정답 ③

난이도

'세부 정보 파악' 유형 문제 풀이 전략

STEP 1 선택지 확인 → 고유한 어휘를 확인하기

① 워크숍은 **3월 5일**부터 4월 9일까지 매주 토요일에 진행된다.
② 워크숍 주제에는 **핑거스타일** 숙달 및 고급 코드 진행이 포함된다.
③ **참가자**들은 숙련된 기타 강사들로부터 개인별 맞춤 지도를 받게 된다.
④ **등록비**는 매주 50달러이다.

고유한 어휘란 다른 선택지에는 없고 하나의 선택지에만 존재하는 단어를 의미한다.

STEP 2 지문 확인 → 고유한 어휘를 기준으로 선택지에 해당하는 정보를 지문에서 찾기

하나의 선택지만 먼저 읽고 지문으로 바로 가서 내용을 확인한다.

STEP 3 선택지 분석 → 오답 소거 후 정답 도출

선지	지문
① 워크숍은 3월 5일부터 4월 9일까지 매주 토요일에 진행된다.	Dates : **Every Saturday from March 5th to April 9th**
② 워크숍 주제에는 핑거스타일 숙달 및 고급 코드 진행이 포함된다.	Workshop Topics 1. **Fingerstyle Mastery** 2. **Advanced Chord Progressions**
③ 참가자들은 숙련된 기타 강사들로부터 개인별 맞춤 지도를 받게 된다.	Participants will **receive personalized instruction from experienced guitar instructors** and have the opportunity to practice in a supportive environment.
④ 등록비는 매주 50달러이다.	Registration Fee : $50 **for the entire workshop series**.

정답 ④

난이도

3 중요 표현 복습하기

어휘 복습 TEST

1 elevate ______________
2 prowess ______________
3 delve ______________
4 specialized ______________
5 advanced ______________
6 progression ______________
7 instruction ______________
8 reserve ______________

어휘 복습 ANSWER

❶ elevate	향상시키다, 높이다, 올리다	❺ advanced	상급의, 고급의, 선진의
❷ prowess	솜씨, 기량, 용감, 용맹	❻ progression	진행, 진전, 향상, 발전
❸ delve	탐구하다, 깊이 파고들다	❼ instruction	지시, 설명
❹ specialized	전문적인, 전문화된	❽ reserve	예약하다

4 지문 해석 확인하기

기타 워크숍 시리즈 알림

기타 솜씨를 향상시키거나 기타의 세계를 깊이 파고 들기를 간절히 바라시나요? 당신의 검색은 여기서 끝납니다! 상급 기타 기술에 대한 전문화된 워크숍 시리즈로 기타 기술을 향상시키세요.

워크숍 세부 정보
– 날짜: 3월 5일부터 4월 9일까지 매주 토요일
– 시간: 오후 2:00 – 오후 4:00
– 장소: 시티빌 오크가 456번지 하모니 뮤직 아카데미

워크숍 주제
1. 손가락 스타일 숙달
2. 고급 코드 진행
3. 솔로잉 테크닉
4. 창의적인 작곡

등록비: 워크숍 시리즈 전체에 $50

참가자들은 숙련된 기타 강사로부터 개인별 맞춤 지도를 받고, 지원적인 환경에서 연습할 수 있는 기회를 갖게 됩니다.

자리를 예약하시려면 workshops@harmonymusicacademy.com으로 연락하시거나 웹사이트 www.harmonymusicacademy.com/workshops를 방문해 주십시오.

Unit 02 2025년 출제 기조 전환 연습 문제 ❹

1 문제 풀어보기

[01-02] 다음 글을 읽고 물음에 답하시오. 제한시간 2분

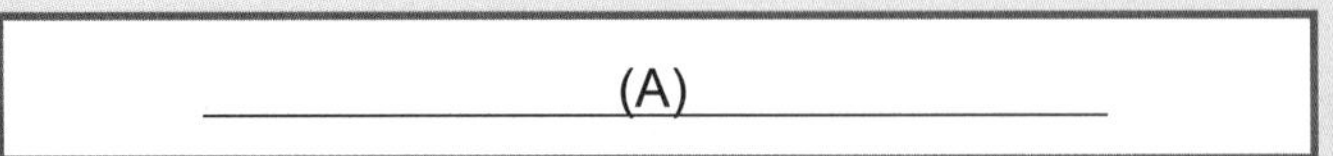

Are you looking to enhance your culinary skills and take you small business to the next level? Improve your culinary skills with our seminar on recipe development for small business owners.

Seminar Details

- **Date** : Saturday, June 18th
- **Time** : 10:00 a.m. - 1:00 p.m.
- **Location** : Culinary Innovation Center, 789 Maple Avenue, Townsville
- **Seminar Topics**
  - Creative Menu Planning
  - Ingredient Pairing Techniques
  - Culinary Trends Analysis
  - Cost-Effective Recipe expansion

Registration Fee : $50 per person
※ For those registering with a companion, the fee is reduced to $40 per person

Participants will gain practical insights and hands-on experience in developing unique and marketable recipes for their businesses.

To secure your spot, please RSVP by June 10th to seminarinfo@culinaryinnovation.com or visit our website at www.culinaryinnovation.com/seminars.

01 **(A)에 들어갈 윗글의 제목으로 가장 적절한 것은?**

① Enhance Your Cooking Skills
② Learn Efficient Recipe Methods
③ Participate in Developing Recipes for Small Businesses
④ Plan Your Menu Creatively

02 **Seminar에 관한 윗글의 내용과 일치하지 않는 것은?**

① 세미나 참가 신청은 웹사이트를 통해 가능하다.
② 세미나 주제에는 창의적인 메뉴 계획이 포함된다.
③ 참가자들은 주로 이론적인 부분을 학습할 것이다.
④ 등록비는 친구와 등록 시 더 저렴하다.

2 문제 풀이 전략 학습하기

'제목' 유형 문제 풀이 전략

STEP 1 선지 확인 → 내용 예측하기

① Enhance Your **Cooking Skills**
② Learn Efficient **Recipe** Methods
③ Participate in Developing **Recipes** for Small Businesses
④ Plan Your Menu **Creatively**

STEP 2 지문 확인 → 주제 문장 찾기

Improve your culinary skills with our seminar on recipe development for small business owners.

STEP 3 단서 확인 후 선지 분석하기 → 오답 소거 후 정답 도출

단서	Improve your culinary skills with our seminar on recipe development for small business owners. 소상공인을 위한 레시피 개발에 관한 세미나로 요리 기술을 향상시키세요.
선택지 분석	① 당신의 요리 기술을 향상시키세요 ② 효율적인 요리법 방법을 배우세요 ③ 소규모 사업을 위한 레시피 개발에 참여하세요 ④ 메뉴를 창의적으로 계획해 보세요

정답 ③

난이도

'세부 정보 파악' 유형 문제 풀이 전략

STEP 1 선택지 확인 → 고유한 어휘를 확인하기

① 세미나 참가 신청은 **웹사이트**를 통해 가능하다.
② 세미나 **주제**에는 창의적인 메뉴 계획이 포함된다.
③ **참가자**들은 주로 이론적인 부분을 학습할 것이다.
④ **등록비**는 친구와 등록 시 더 저렴하다.

고유한 어휘란 다른 선택지에는 없고 하나의 선택지에만 존재하는 단어를 의미한다.

STEP 2 지문 확인 → 고유한 어휘를 기준으로 선택지에 해당하는 정보를 지문에서 찾기

하나의 선택지만 먼저 읽고 지문으로 바로 가서 내용을 확인한다.

STEP 3 선택지 분석 → 오답 소거 후 정답 도출

선지	지문
① 세미나 참가 신청은 웹사이트를 통해 가능하다.	**To secure your spot, please RSVP** by June 10th to seminarinfo@culinaryinnovation.com or **visit our website** at www.culinaryinnovation.com/seminars.
② 세미나 주제에는 창의적인 메뉴 계획이 포함된다.	Seminar **Topics** – **Creative Menu Planning**
③ 참가자들은 주로 이론적인 부분을 학습할 것이다.	Participants will gain **practical insights and hands-on experience** in developing unique and marketable recipes for their businesses.
④ 등록비는 친구와 등록 시 더 저렴하다.	$50 per person ※ **For those registering with a companion, the fee is reduced** to $40 per person

정답 ③

난이도

3 중요 표현 복습하기

어휘 복습 TEST

1. entrepreneur ______
2. elevate ______
3. culinary ______
4. detail ______
5. avenue ______
6. ingredient ______
7. insight ______
8. hands-on ______

⑨ marketable ________ ⑪ secure ________

⑩ per person ________ ⑫ RSVP ________

어휘 복습 ANSWER

① entrepreneur	사업가, 기업가
② elevate	향상시키다, 올리다, 승진시키다, 높이다
③ culinary	요리의, 음식의
④ detail	세부 사항, 상세히 알리다
⑤ avenue	-가, 거리
⑥ ingredient	재료, 성분, 구성 요소
⑦ insight	통찰력, 이해
⑧ hands-on	실제의, 직접 해 보는
⑨ marketable	시장성이 있는, 잘 팔리는
⑩ per person	1인당
⑪ secure	확보하다, 획득하다, 안심하는, 안전한, 확실한
⑫ RSVP	(초대장에서) 회답 주시기 바랍니다

4 지문 해석 확인하기

레시피 개발 세미나 알림

당신의 조리 기술을 향상시키고 소규모 사업을 한 단계 더 발전시키고 싶으신가요? 소상공인을 위한 레시피 개발에 관한 세미나로 요리 기술을 향상시키세요.

세미나 상세내용
- **날짜**: 6월 18일 토요일
- **시간**: 오전 10:00 – 오후 1:00
- **장소**: 타운즈빌 메이플가 789번지 조리 혁신 센터
- **세미나 주제**
  - 창의적인 메뉴 기획
  - 재료 조합 기술
  - 요리 트렌드 분석
  - 비용 효율적인 조리법 확장

등록비: 1인당 50달러

※ 친구와 등록 시, 1인당 40달러로 할인됩니다.

참가자들은 비즈니스를 위한 독특하고 시장성 있는 레시피를 개발하는데 있어 실용적인 통찰력과 실제 경험을 얻을 것입니다.

당신의 자리를 확보하려면 6월 10일까지 seminarinfo@culinaryinnovation.com으로 회신하시거나 저희 웹사이트 www.culinaryinnovation.com/seminars를 방문해 주시기 바랍니다.

Unit 02 2025년 출제 기조 전환 연습 문제 ⑤

1 문제 풀어보기

[01-02] 다음 글을 읽고 물음에 답하시오. 제한시간 2분

(A) ______________

Exciting news! Our university is now offering no-cost Spanish language classes to all students! Whether you want to broaden your horizons, enrich your cultural knowledge, or simply acquire a new language skill, this opportunity is ideal for you.

Class Details

- **Dates** : Every Tuesday and Thursday, starting from September 1st
- **Time** : 6:00 p.m. - 8:00 p.m.
- **Location** : Language Learning Center, Room 210, Main Building

Instructor : Prof. Maria Hernandez

Registration Fee : Free for university students; $50 per month for local residents.

Whether you're a beginner or looking to improve your Spanish skills, this course is perfect for you. Learn vocabulary, grammar, and conversational phrases in a fun and interactive environment.

To register, please visit the Language Learning Center or contact us at languagecenter@university.edu.

01 **(A)에 들어갈 윗글의 제목으로 가장 적절한 것은?**

① Enjoy Complimentary Spanish Language Courses
② Speak Spanish with Joy
③ Teach Various Language Learners
④ Share Your Spanish Proficiency

02 **Spanish language classes에 관한 윗글의 내용과 일치하지 않는 것은?**

① 9월 1일부터 매주 화요일과 목요일에 진행된다.
② 어휘, 문법, 그리고 대화형 어구를 배운다.
③ 초보자에게도 적합하다.
④ 지역 주민들은 무료로 수업에 참여할 수 있다.

2 문제 풀이 전략 학습하기

'제목' 유형 문제 풀이 전략

STEP 1 선지 확인 → 내용 예측하기

① Enjoy Complimentary **Spanish** Language Courses
② Speak **Spanish** with Joy
③ Teach Various **Language** Learners
④ Share Your **Spanish** Proficiency

STEP 2 지문 확인 → 주제 문장 찾기

Exciting news! **Our university is now offering no-cost Spanish language classes** to all students!

STEP 3 단서 확인 후 선지 분석하기 → 오답 소거 후 정답 도출

단서	Exciting news! Our university is now offering no-cost Spanish language classes to all students! 신나는 소식입니다! 우리 대학은 지금 모든 학생들에게 무료 스페인어 수업을 제공하고 있습니다!
선택지 분석	① 무료 스페인어 강좌를 즐기세요 ② 기쁨을 가지고 스페인어를 말하세요 ③ 다양한 언어 학습자들을 가르치세요 ④ 스페인어 실력을 공유하세요

정답 ①

난이도

'세부 정보 파악' 유형 문제 풀이 전략

STEP 1 선택지 확인 → 고유한 어휘를 확인하기

① **9월 1일**부터 매주 화요일과 목요일에 진행된다.
② **어휘**, 문법, 그리고 대화형 어구를 배운다.
③ **초보자**에게도 적합하다.
④ **지역 주민**들은 무료로 수업에 참여할 수 있다.

고유한 어휘란 다른 선택지에는 없고 하나의 선택지에만 존재하는 단어를 의미한다.

STEP 2 지문 확인 → 고유한 어휘를 기준으로 선택지에 해당하는 정보를 지문에서 찾기

하나의 선택지만 먼저 읽고 지문으로 바로 가서 내용을 확인한다.

STEP 3 선택지 분석 → 오답 소거 후 정답 도출

선지	지문
① 9월 1일부터 매주 화요일과 목요일에 진행된다.	Dates : **Every Tuesday and Thursday, starting from September 1st**
② 어휘, 문법, 그리고 대화형 어구를 배운다.	**Learn vocabulary, grammar, and conversational phrases** in a fun and interactive environment
③ 초보자에게도 적합하다.	Whether you're a **beginner** or looking to improve your Spanish skills, **this course is perfect for you**.
④ 지역 주민들은 무료로 수업에 참여할 수 있다.	Registration Fee : Free for university students; **$50 per month for local residents**.

정답 ④

난이도

3 중요 표현 복습하기

어휘 복습 TEST

❶ expand ________

❷ detail ________

❸ instructor ________

❹ beginner ________

❺ vocabulary ________

❻ conversational ________

❼ interactive ________

❽ local resident ________

어휘 복습 ANSWER

❶ expand 넓히다, 펼치다, 확장하다

❷ detail 세부 사항, 상세히 알리다

❸ instructor 강사, 교수

❹ beginner 초보자, 초심자

❺ vocabulary 어휘, 용어

❻ conversational 대화의, 구어의

❼ interactive 상호적인, 상호작용을 하는

❽ local resident 지역 주민, 거주민

4 지문 해석 확인하기

스페인어 무료 강좌 안내

신나는 소식입니다! 우리 대학은 지금 모든 학생들에게 무료 스페인어 수업을 제공하고 있습니다! 여러분이 시야를 넓히고 싶든, 문화적 지식을 풍부하게 하고 싶든, 단순히 새로운 언어 기술을 습득하고 싶든, 이 기회는 여러분에게 이상적입니다.

수업 세부 정보
- **날짜**: 9월 1일부터 매주 화요일, 목요일
- **시간**: 오후 6:00 - 오후 8:00
- **장소**: 본관 210호 언어 학습관

강사: Maria Hernandez 교수

등록비: 대학생은 무료, 지역 주민은 월 50달러

여러분이 초보자이든 스페인어 실력을 향상시키려고 하든 간에, 이 과정은 여러분에게 완벽합니다. 재미있고 상호적인 환경에서 어휘, 문법, 그리고 대화형 어구를 배우세요.

등록하시려면 언어학습센터를 방문하시거나 languagecenter@university.edu로 연락주시기 바랍니다.

Unit 02 2025년 출제 기조 전환 연습 문제 ❻

1 문제 풀어보기

[01-02] 다음 글을 읽고 물음에 답하시오. 제한시간 2분

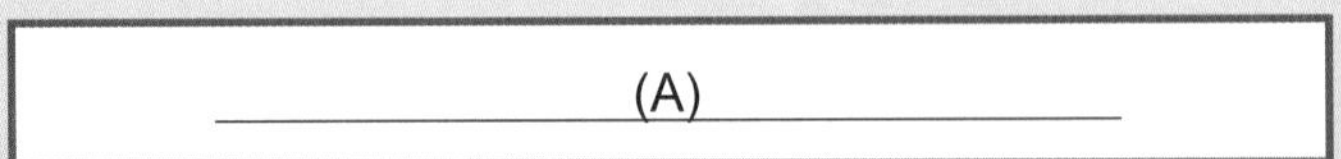

We are thrilled to introduce the Wild Plant Exhibition, an immersive showcase of nature's wonders, featuring a diverse collection of indigenous flora from around the world. Save the date and explore the beauty and diversity of wild plants!

Details

- **Dates** : Saturday, May 21 – Sunday, May 22
- **Times** : 9:00 a.m. – 6:00 p.m. (both days)
- **Location** : Green Meadows Botanical Garden, 123 Nature Lane, Cityville

Highlights

- **Botanical Displays**
  Explore stunning botanical displays featuring rare and exotic wild plants, carefully curated to showcase their natural beauty and importance in ecosystems.
- **Educational Workshops**
  Participate in educational workshops and demonstrations led by botanists and conservationists, and learn about the importance of wild plant conservation and biodiversity.

For the full schedule of events and activities, please visit our website at www.wildplantexhibition.org or contact us at (555) 123-4567.

01 (A)에 들어갈 윗글의 제목으로 가장 적절한 것은?

① Note the Scarcity of Wildlife
② Discover the Beauty of Wild Plants
③ Explore the World of Exotic Animals
④ Observe Korean Native Plants

02 Wild Plant Exhibition에 관한 윗글의 내용과 일치하는 것은?

① 여러 가지 이국적인 식물들을 전시한다.
② 교육 워크샵 참여를 위해서는 사전 신청이 필요하다.
③ 동물학자를 포함한 전문가들이 워크샵을 주도한다.
④ 행사 및 활동의 전체 일정은 전화로만 확인 가능하다.

2 문제 풀이 전략 학습하기

'제목' 유형 문제 풀이 전략

STEP 1 선지 확인 → 내용 예측하기

① Note the Scarcity of **Wildlife**
② Discover the Beauty of **Wild Plants**
③ Explore the World of **Exotic Animals**
④ Observe Korean **Native Plants**

STEP 2 지문 확인 → 주제 문장 찾기

We are thrilled to announce the Wild Plant Exhibition, an immersive showcase of nature's wonders, featuring a diverse collection of indigenous flora from around the world. Save the date and immerse yourself in the beauty and diversity of wild plants!

STEP 3 단서 확인 후 선지 분석하기 → 오답 소거 후 정답 도출

단서	We are thrilled to announce the Wild Plant Exhibition, an immersive showcase of nature's wonders, featuring a diverse collection of indigenous flora from around the world. 우리는 전 세계의 다양한 토착 식물군을 특징으로 하는 자연의 경이로움을 보여주는 몰입형 전시회인 야생 식물 전시회를 발표하게 되어 기쁩니다.
선택지 분석	① 야생동물의 희귀함에 주목하세요 ② 야생 식물의 아름다움을 발견하세요 ③ 이국적인 동물들의 세계를 탐험해 보세요 ④ 한국 토종 식물을 관찰하세요

정답 ②

난이도

'세부 정보 파악' 유형 문제 풀이 전략

STEP 1 선택지 확인 → 고유한 어휘를 확인하기

① 여러 가지 이국적인 식물들을 전시한다.
② 교육 워크샵 참여를 위해서는 사전 신청이 필요하다.
③ 동물학자를 포함한 전문가들이 워크샵을 주도한다.
④ 행사 및 활동의 전체 일정은 전화로만 확인 가능하다.

고유한 어휘란 다른 선택지에는 없고 하나의 선택지에만 존재하는 단어를 의미한다.

STEP 2 지문 확인 → 고유한 어휘를 기준으로 선택지에 해당하는 정보를 지문에서 찾기

하나의 선택지만 먼저 읽고 지문으로 바로 가서 내용을 확인한다.

STEP 3 선택지 분석 → 오답 소거 후 정답 도출

선지	지문
① 여러 가지 이국적인 식물들을 전시한다.	**featuring a diverse collection of indigenous flora from around the world**
② 교육 워크샵 참여를 위해서는 ~~사전 신청이 필요하다~~.	언급 없음
③ 동물학자를 포함한 전문가들이 워크샵을 주도한다.	participate in educational workshops and demonstrations **led by botanists and conservationists**, and learn about the importance of wild plant conservation and biodiversity.
④ 행사 및 활동의 전체 일정은 전화로만 확인 가능하다.	For the full schedule of events and activities, please **visit our website** at www.wildplantexhibition.org **or contact us at (555) 123-4567**.

정답 ①

난이도

3 중요 표현 복습하기

어휘 복습 TEST

1. thrilled ______
2. immersive ______
3. indigenous ______
4. flora ______
5. immerse ______
6. botanical ______
7. exotic ______
8. botanist ______
9. conservationist ______
10. knowledgeable ______

어휘 복습 ANSWER

①	thrilled	기쁜, 신이 난, 아주 흥분한	⑥	botanical	식물(학)의
②	immersive	몰입형의, 에워싸는 듯한	⑦	exotic	외국의, 이국적인
③	indigenous	토착의, 원산의	⑧	botanist	식물학자
④	flora	식물군[상]	⑨	conservationist	환경 보호 활동가, 환경보호론자
⑤	immerse	몰두하다, 담그다	⑩	knowledgeable	지식이 풍부한, 아는 것이 많은

4 지문 해석 확인하기

야생 식물의 아름다움을 찾아보세요

우리는 전 세계의 다양한 토착 식물군을 특징으로 하는 자연의 경이로움을 보여주는 몰입형 전시회인 야생 식물 전시회를 발표하게 되어 기쁩니다. 날짜를 저장하고 야생 식물의 아름다움과 다양성을 탐험하세요!

세부 사항
- 일시 : 5월 21일, 토요일 – 5월 22일, 일요일
- 시간 : 오전 9:00 – 오후 6:00 (이틀 모두)
- 장소 : 시티빌 123 네이처 레인 푸른 목장 식물원

하이라이트
- **식물 전시회**
  생태계에서 자연의 아름다움과 중요성을 보여주기 위해 세심하게 선별된 희귀하고 이국적인 야생 식물을 특징으로 하는 놀라운 식물 전시를 둘러보세요.
- **교육 워크숍**
  식물학자와 환경보호론자가 주도하는 교육 워크숍과 실연에 참여하고, 야생식물 보존과 생물다양성의 중요성에 대해 알아봅니다.

행사 및 활동의 전체 일정은 당사 웹사이트 www.wildplantexhibition.org를 방문하시거나 (555) 123-4567로 문의하시기 바랍니다.

Unit 02 2025년 출제 기조 전환 연습 문제 ❼

1 문제 풀어보기

[01-02] 다음 글을 읽고 물음에 답하시오. 제한시간 2분

(A) ______

The Korea Football Association is hosting a public hearing as follows. We kindly ask for the participation of those interested in football-related issues.

- **Date** : Saturday, April 30, 2024
- **Time** : 10:00 a.m. - 1:00 p.m.
- **Venue** : Main Auditorium, Korea Football Association Headquarters

Agenda

– Discussion on the direction and policies for the development of domestic football.

– Gathering opinions on the operation and development direction of the professional football league.

Attendees must register online in advance to participate. For further details and registration, please visit the official website of the Korea Football Association or contact us at (02) 123-4567.

We welcome the participation of all those interested in the development of football.

01 (A)에 들어갈 윗글의 제목으로 가장 적절한 것은?

① Join the Korea Football Association
② Share Your Opinions on the Future of Professional and Amateur Football
③ Register Online to Participate in a Soccer Game
④ Contribute to the Development of Football

02 Public hearing에 관한 윗글의 내용과 일치하지 않는 것은?

① 공청회는 특정한 안건을 가지고 있다.
② 행사 시간은 오전 10시부터 오후 1시까지이다.
③ 참석자는 사전에 온라인으로 등록해야 한다.
④ 등록 문의는 전화로만 가능하다.

2 문제 풀이 전략 학습하기

'제목' 유형 문제 풀이 전략

STEP 1 선지 확인 → 내용 예측하기

① Join the **Korea Football Association**
② Share Your Opinions on the Future of Professional and Amateur **Football**
③ Register Online to Participate in a **Soccer Game**
④ Contribute to the Development of **Football**

STEP 2 지문 확인 → 주제 문장 찾기

The Korea Football Association is hosting a public hearing as follows. **We kindly ask for the participation** of those interested in football-related issues.

STEP 3 단서 확인 후 선지 분석하기 → 오답 소거 후 정답 도출

단서	The Korea Football Association is hosting a public hearing as follows. 대한축구협회에서는 다음과 같이 공청회를 주최하고 있습니다. We kindly ask for the participation. 참여 부탁드립니다.
선택지 분석	① 대한축구협회에 가입하세요 ② 프로축구와 아마추어 축구의 미래에 대한 의견을 나누세요 ③ 축구 경기에 참가하려면 온라인으로 등록하세요 ④ 축구 발전에 기여하세요

정답 ②

난이도

'세부 정보 파악' 유형 문제 풀이 전략

STEP 1 선택지 확인 → 고유한 어휘를 확인하기

① 공청회는 특정한 **안건**을 가지고 있다.
② **행사 시간**은 오전 10시부터 오후 1시까지이다.
③ **참석자**는 사전에 온라인으로 등록해야 한다.
④ **등록 문의**는 전화로만 가능하다.

고유한 어휘란 다른 선택지에는 없고 하나의 선택지에만 존재하는 단어를 의미한다.

STEP 2 지문 확인 → 고유한 어휘를 기준으로 선택지에 해당하는 정보를 지문에서 찾기

하나의 선택지만 먼저 읽고 지문으로 바로 가서 내용을 확인한다.

STEP 3 선택지 분석 → 오답 소거 후 정답 도출

선지	지문
① 공청회는 특정한 안건을 가지고 있다.	**Agenda**
② 행사 시간은 오전 10시부터 오후 1시까지이다.	Time : **10:00 a.m. - 1:00 p.m.**
③ 참석자는 사전에 온라인으로 등록해야 한다.	**Attendees must register online in advance** to participate.
④ 등록 문의는 전화로만 가능하다.	For further details and registration, **please visit the official website of the Korea Football Association** or **contact us at (02) 123-4567**.

정답 ④

난이도

3 중요 표현 복습하기

어휘 복습 TEST

❶ host		❻ domestic	
❷ public hearing		❼ operation	
❸ ask for		❽ foster	
❹ headquarter		❾ attendee	
❺ agenda		❿ official	

어휘 복습 ANSWER

❶ host	주최하다, 진행하다, 주인, 주최국	❻ domestic	국내의, 가정의
❷ public hearing	공청회	❼ operation	운용, 경영, 작용, 수술
❸ ask for	부탁하다, 요청하다	❽ foster	육성하다, 양육하다
❹ headquarter	본사, 본부	❾ attendee	참석자
❺ agenda	안건, 의제	❿ official	공식의, 정식의, 공무의

4 지문 해석 확인하기

대한축구협회 공청회 알림

대한축구협회에서는 다음과 같이 공청회를 주최하고 있습니다. 축구 관련 이슈에 관심 있는 분들의 참여 부탁드립니다.

- **일시**: 2024년 4월 30일 토요일
- **시간**: 오전 10:00 – 오후 1:00
- **장소**: 대한축구협회 본사 대강당

안건

– 국내 축구의 발전 방향과 정책에 대한 논의
– 프로축구 리그 운영 및 발전 방향에 대한 의견 수렴

참석자는 사전에 온라인으로 등록해야 참여할 수 있습니다. 자세한 사항 및 등록은 대한축구협회 공식 홈페이지를 방문하거나 (02)123-4567로 문의하면 됩니다.

축구 발전에 관심이 있는 모든 분들의 참여를 환영합니다.

Unit 02 2025년 출제 기조 전환 연습 문제 ❽

1 문제 풀어보기

[01-02] 다음 글을 읽고 물음에 답하시오. 제한시간 2분

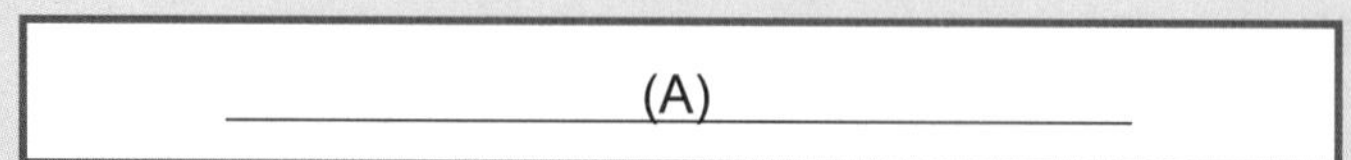

(A) ______________

Due to a shortage of doctors, we are seeking to hire additional physicians. Our hospital is committed to providing patient-centered medical services and offers the opportunity to work with the best medical professionals. We welcome your interest and applications.

- **Position** : Emergency Medicine Physician
- **Working Conditions** : Full-time employment (40 hours per week), flexible working hours
- **Qualifications**
  - Master's degree or higher in Emergency Medicine
  - Preference given to candidates with experience in emergency room settings

In addition to competitive salary, benefits include health insurance, retirement plans, and paid time off. Applicants interested in this position should submit their resumes and cover letters to the hospital's Human Resources department.

For inquiries, please contact the hospital's Human Resources department.

01 (A)에 들어갈 윗글의 제목으로 가장 적절한 것은?

① Join Our Team of Top Medical Professionals!
② Apply Now for the Emergency Medicine Physician position
③ Take Advantage of Competitive Salaries and Excellent Benefits!
④ Seize the Opportunity to Work with Flexible Hours!

02 Hospital에 관한 윗글의 내용과 일치하지 않는 것은?

① 추가 의사가 필요하다.
② 응급의학과 의사가 필요하다.
③ 응급의학 석사 이상의 학위가 필요하다.
④ 그 자리는 경쟁력 있는 급여만 제공한다.

② 문제 풀이 전략 학습하기

'제목' 유형 문제 풀이 전략

STEP 1 선지 확인 → 내용 예측하기

① Join Our Team of Top **Medical** Professionals!
② Apply Now for the Emergency Medicine **Physician** position
③ Take Advantage of Competitive **Salaries** and Excellent Benefits!
④ Seize the Opportunity to Work with **Flexible Hours**!

STEP 2 지문 확인 → 주제 문장 찾기

Due to a shortage of doctors, **we are seeking to hire** additional physicians.
저희는 의사 부족으로 인해 추가로 의사를 채용하고자 합니다.

STEP 3 단서 확인 후 선지 분석하기 → 오답 소거 후 정답 도출

단서	Due to a shortage of doctors, our hospital is currently recruiting additional physicians. 현재 저희 병원에서는 의사 부족으로 의사를 추가로 모집하고 있습니다.
선택지 분석	① 최고의 의료 전문가팀에 참여하세요 ② 지금 응급의학과 의사 자리에 지원하세요 ③ 경쟁력 있는 급여와 우수한 혜택을 활용하세요 ④ 유연한 시간으로 일할 수 있는 기회를 잡으세요

정답 ②

난이도

'세부 정보 파악' 유형 문제 풀이 전략

STEP 1 선택지 확인 → 고유한 어휘를 확인하기

① **추가 의사**가 필요하다.
② **응급의학과** 의사가 필요하다.
③ 응급의학 **석사** 이상의 학위가 필요하다.
④ 그 자리는 경쟁력 있는 **급여**만 제공한다.

✎ 고유한 어휘란 다른 선택지에는 없고 하나의 선택지에만 존재하는 단어를 의미한다.

STEP 2 지문 확인 → 고유한 어휘를 기준으로 선택지에 해당하는 정보를 지문에서 찾기

하나의 선택지만 먼저 읽고 지문으로 바로 가서 내용을 확인한다.

STEP 3 선택지 분석 → 오답 소거 후 정답 도출

선지	지문
① 추가 의사가 필요하다.	Due to a shortage of doctors, we are seeking to hire **additional physicians**.
② 응급의학과 의사가 필요하다.	Position : **Emergency Medicine Physician**
③ 응급의학 석사 이상의 학위가 필요하다.	Qualifications – **Master's degree or higher in Emergency Medicine**
④ 그 자리는 경쟁력 있는 급여만 제공한다.	**In addition to competitive salary**, benefits include health insurance, retirement plans, and paid time off.

정답 ④

난이도

3 중요 표현 복습하기

어휘 복습 TEST

1. shortage ______
2. recruit ______
3. inconvenience ______
4. employment ______
5. flexible ______
6. master's degree ______
7. candidate ______
8. retirement plan ______
9. submit ______
10. resume ______
11. cover letter ______
12. human resources ______

어휘 복습 ANSWER

❶	shortage	부족	❼	candidate	지원자, 후보자, 출마자
❷	recruit	모집하다, 신입 사원, 신병	❽	retirement plan	퇴직자 연금 제도, 연금 제도(계획)
❸	inconvenience	불편, 불편하게 하다	❾	submit	제출하다, 항복하다
❹	employment	고용, 취업, 채용, 직장	❿	resume	이력서, 다시 시작하다
❺	flexible	유연한, 융통성 있는	⓫	cover letter	자기소개서
❻	master's degree	석사 학위	⓬	human resources	인사부[과], 인적 자원

4 지문 해석 확인하기

의사 모집 공고

저희는 의사 부족으로 인해 추가로 의사를 채용하고자 합니다. 우리 병원은 환자 중심의 의료 서비스에 전념하고 있으며, 최고의 의료 전문가와 함께 일할 수 있는 기회를 제공합니다. 많은 관심과 지원을 환영합니다.

- **모집 부문**: 응급 의학과 의사
- **근무 조건**: 정규직 고용(주당 40시간), 유연한 작업 시간
- **자격 요건**
  - 응급 의학 석사 학위 이상
  - 특히 응급실에서의 경험이 있는 지원자 선호

경쟁력 있는 급여와 더불어 혜택으로 건강 보험, 퇴직자 연금 제도, 유급 휴가가 포함됩니다. 이 자리에 관심이 있는 지원자는 이력서와 자기소개서를 병원 인사부에 제출해야 합니다.

문의 사항이 있으신 경우 병원의 인사과로 연락해 주시기 바랍니다.

Unit 02 2025년 출제 기조 전환 연습 문제 ⑨

1 문제 풀어보기

[01-02] 다음 글을 읽고 물음에 답하시오. 제한시간 2분

We are currently seeking experienced and passionate English instructors to join our team at Bright Language Academy. If you are dedicated to helping students achieve their language learning goals, we invite you to apply for this position.

- **Position** : English Instructor
- **Responsibilities**
  - Plan and deliver effective English language lessons
  - Assess student progress and provide feedback
  - Create a supportive and engaging learning environment
- **Qualifications**
  - Bachelor's degree in English, Education, or related field
  - TEFL, TESOL, or CELTA certification preferred
  - Previous teaching experience is an advantage
- **Salary** : Competitive salary commensurate with experience and qualifications. Salary level will be determined after the probationary period.

To apply, please send your resume and cover letter to hr@brightlanguageacademy.com by May fifth.

For inquiries, please contact our Human Resources department.

01 **(A)에 들어갈 윗글의 제목으로 가장 적절한 것은?**

① Learn New Language Teaching Techniques!
② Apply to Bright Language Academy.
③ Participate in Language Workshops!
④ Engage in Effective English Lessons!

02 **Bright Language Academy에 관한 윗글의 내용과 일치하지 않는 것은?**

① Bright Language Academy에서 경험있는 강사를 찾고 있다.
② 그 직무는 영어, 영어 교육 또는 관련 분야에서의 학사 학위를 필요로 한다.
③ TEFL, TESOL 또는 CELTA 증명서는 필요하지 않다.
④ 급여 수준은 수습 기간이 끝난 후 결정될 것이다.

2 문제 풀이 전략 학습하기

'제목' 유형 문제 풀이 전략

STEP 1 선지 확인 → 내용 예측하기

① Learn New **Language** Teaching Techniques!
② Apply to Bright **Language** Academy.
③ Participate in **Language** Workshops!
④ Engage in Effective **English** Lessons!

STEP 2 지문 확인 → 주제 문장 찾기

We are currently seeking experienced and passionate English instructors to join our team at Bright Language Academy.

STEP 3 단서 확인 후 선지 분석하기 → 오답 소거 후 정답 도출

단서	We are currently seeking experienced and passionate English instructors to join our team at Bright Language Academy. 우리는 현재 브라이트 랭귀지 아카데미에서 팀에 합류할 경험 많고 열정적인 영어 강사를 찾고 있습니다.
선택지 분석	① 새로운 어학 가르치는 기술을 배우세요! ② Bright Language Academy에 지원하세요! ③ 어학 워크숍에 참여하세요! ④ 효과적인 영어 수업에 참여하세요!

정답 ②

난이도

'세부 정보 파악' 유형 문제 풀이 전략

STEP 1 선택지 확인 → 고유한 어휘를 확인하기

① **Bright Language Academy**에서 경험있는 강사를 찾고 있다.
② 그 직무는 영어, 영어 교육 또는 관련 분야에서의 학사 학위를 필요로 한다.
③ **TEFL**, **TESOL** 또는 **CELTA** 증명서는 필요하지 않다.
④ **급여** 수준은 수습 기간이 끝난 후 결정될 것이다.

고유한 어휘란 다른 선택지에는 없고 하나의 선택지에만 존재하는 단어를 의미한다.

STEP 2 지문 확인 → 고유한 어휘를 기준으로 선택지에 해당하는 정보를 지문에서 찾기

✎ 하나의 선택지만 먼저 읽고 지문으로 바로 가서 내용을 확인한다.

STEP 3 선택지 분석 → 오답 소거 후 정답 도출

선지	지문
① Bright Language Academy에서 경험있는 강사를 찾고 있다.	**We are currently seeking experienced and passionate English instructors to join our team at Bright Language Academy**.
② 그 직무는 영어, 영어 교육 또는 관련 분야에서의 학사 학위를 필요로 한다.	Qualifications – Bachelor's degree **in English, Education, or related field**
③ TEFL, TESOL 또는 CELTA 증명서는 필요하지 않다.	**Qualifications** – TEFL, TESOL, or CELTA certification
④ 급여 수준은 수습 기간이 끝난 후 결정될 것이다.	Salary : Competitive salary commensurate with experience and qualifications. **Salary level will be determined after the probationary period**.

정답 ③

난이도

3 중요 표현 복습하기

어휘 복습 TEST

1. passionate ____________
2. instructor ____________
3. dedicated ____________
4. apply for ____________
5. responsibility ____________
6. assess ____________
7. progress ____________
8. bachelor's degree ____________
9. certification ____________
10. commensurate ____________
11. probationary ____________
12. cover letter ____________

어휘 복습 ANSWER

❶ passionate	열정적인, 열렬한	❼ progress	진행, 진척, 진행하다, 나아가다
❷ instructor	강사, 교사	❽ bachelor's degree	학사 학위
❸ dedicated	헌신적인, 전념하는	❾ certification	인증, 증명, 증명서
❹ apply for	~에 지원하다	❿ commensurate	상응하는, 어울리는
❺ responsibility	의무, 책임, 책무	⓫ probationary	수습의, 보호 관찰의
❻ assess	평가하다, 재다	⓬ cover letter	자기소개서

4 지문 해석 확인하기

Bright Language Academy에 지원하세요!

우리는 현재 Bright Language Academy에서 우리 팀에 합류할 경험 많고 열정적인 영어 강사를 찾고 있습니다. 학생들이 언어 학습 목표를 달성하는 데 헌신적인 분이라면, 이 자리에 지원하실 것을 초대합니다.

• **직급**: 영어 강사
• **의무**
  – 효과적인 영어 수업 계획 및 제공
  – 학생 진행 상황 평가 및 피드백 제공
  – 지원적이고 참여적인 학습 환경 조성
• **자격**
  – 영어, 교육학 또는 관련 분야 학사 학위
  – TEFL, TESOL 또는 CELTA 증명서
  – 이전 교육 경험 우대
• **급여**: 경력과 자격에 상응하는 경쟁력 있는 급여. 급여 수준은 수습 기간 이후 결정됩니다.

신청하시려면 이력서와 자기소개서를 5월 5일까지 hr@brightlanguageacademy.com으로 보내주시기 바랍니다.

문의사항은 저희 인사부로 연락해주시면 됩니다.

Unit 02 2025년 출제 기조 전환 연습 문제 ⑩

1 문제 풀어보기

[01-02] 다음 글을 읽고 물음에 답하시오. 제한시간 2분

(A) ______________________

Are you interested in making a difference in the world? Join us for an exciting opportunity to participate in overseas volunteering projects!

- **Organization** : Global Volunteers Association
- **Mission** : To provide humanitarian aid and support sustainable development initiatives in underserved communities around the world.

- **Volunteer Opportunities**
  - Teaching English in rural schools
  - Assisting with healthcare initiatives in local clinics
  - Participating in environmental conservation projects
  - Building infrastructure in remote villages

- **Requirements**
  - Minimum age of 18 years
  - Good physical health and ability to adapt to challenging environments
  - Commitment to cultural sensitivity and respect for local customs

Please note that volunteers are responsible for covering their own travel expenses. However, accommodation and meals will be provided during the volunteering period.

For more information and to apply, visit our website at www.globalvolunteers.org.

01 (A)에 들어갈 윗글의 제목으로 가장 적절한 것은?

① Take a Chance to Serve Your Community!
② Join the Opportunity to Teach English!
③ Donate Your Talents to Marginalized Parts of the World!
④ Volunteer in Building Out-of-town Infrastructure!

02 Overseas volunteering projects에 관한 윗글의 내용과 일치하지 않는 것은?

① 이 단체는 글로벌 자원봉사자 협회라고 불린다.
② 자원봉사자는 최소 18세 이상이어야 한다.
③ 여행 경비는 단체에서 부담한다.
④ 봉사 기간 동안 숙식이 제공된다.

2 문제 풀이 전략 학습하기

'제목' 유형 문제 풀이 전략

STEP 1 선지 확인 → 내용 예측하기

① Take a Chance to Serve Your **Community**
② Join the Opportunity to Teach **English**
③ Donate Your **Talents** to Marginalized Parts of the World
④ **Volunteer** in Building Out-of-town Infrastructure

STEP 2 지문 확인 → 주제 문장 찾기

Are you interested in making a difference in the world? **Join us for an exciting opportunity to participate in overseas volunteering projects!**

STEP 3 단서 확인 후 선지 분석하기 → 오답 소거 후 정답 도출

단서	Join us for an exciting opportunity to participate in overseas volunteering projects! 해외 자원 봉사 프로젝트에 참여할 수 있는 흥미로운 기회를 위해 우리와 함께 하세요!
선택지 분석	① 지역 사회에 봉사할 기회를 잡으세요 ② 영어를 가르치는 기회에 참여하세요 ③ 여러분의 재능을 세계의 소외된 지역에 기부하세요 ④ 지방의 인프라 구축에 자원봉사 하세요

정답 ③

난이도 III

'세부 정보 파악' 유형 문제 풀이 전략

STEP 1 선택지 확인 → 고유한 어휘를 확인하기

① 이 단체는 <u>글로벌 자원봉사자 협회</u>라고 불린다.
② 자원봉사자는 최소 <u>18세</u> 이상이어야 한다.
③ 여행 <u>경비</u>는 단체에서 부담한다.
④ 봉사 기간 동안 <u>숙식</u>이 제공된다.

✎ 고유한 어휘란 다른 선택지에는 없고 하나의 선택지에만 존재하는 단어를 의미한다.

STEP 2 지문 확인 → 고유한 어휘를 기준으로 선택지에 해당하는 정보를 지문에서 찾기

✎ 하나의 선택지만 먼저 읽고 지문으로 바로 가서 내용을 확인한다.

STEP 3 선택지 분석 → 오답 소거 후 정답 도출

선지	지문
① 이 단체는 글로벌 자원봉사자 협회라고 불린다.	Organization : **Global Volunteers Association**
② 자원봉사자는 최소 18세 이상이어야 한다.	Requirements – **Minimum age of 18 years**
③ ~~여행 경비는 단체에서 부담한다.~~	Please note that volunteers **are responsible for covering their own travel expenses**.
④ 봉사 기간 동안 숙식이 제공된다.	However, **accommodation and meals will be provided during the volunteering period**.

정답 ③

난이도

3 중요 표현 복습하기

어휘 복습 TEST

❶ overseas ______________
❷ association ______________
❸ humanitarian ______________
❹ sustainable ______________
❺ underserved ______________
❻ initiative ______________
❼ infrastructure ______________
❽ commitment ______________
❾ custom ______________
❿ travel expense ______________
⓫ accommodation ______________

어휘 복습 ANSWER

	단어	뜻		단어	뜻
❶	overseas	해외의, 외국의	❼	infrastructure	사회 기반 시설
❷	association	협회, 연계, 유대, 연관	❽	commitment	헌신, 약속, 전념, 책무
❸	humanitarian	인도주의적인	❾	custom	풍습, 관습, 습관
❹	sustainable	지속 가능한, 유지 가능한	❿	travel expense	출장비
❺	underserved	서비스가 충분하지 못한	⓫	accommodation	숙소, 거처, 합의, 협상
❻	initiative	계획, 진취성, 주도권			

4 지문 해석 확인하기

여러분의 재능을 세계의 소외된 지역에 기부하세요!

여러분은 세상을 변화시키는 것에 관심이 있나요? 해외 자원 봉사 프로젝트에 참여할 수 있는 흥미로운 기회를 위해 우리와 함께 하세요!

- **조직**: 글로벌 자원봉사 협회
- **임무**: 인도주의적 지원을 제공하고 전 세계의 서비스가 충분하지 못한 지역 사회에 지속 가능한 개발 계획을 지원합니다.

- **자원 봉사 기회**
  - 시골 학교에서 영어 교육
  - 지역 치료소의 의료 계획 지원
  - 환경 보전 사업 참여
  - 외진 마을 사회 기반 시설 구축

- **요구사항**
  - 최저연령 18세
  - 신체적 건강과 어려운 환경에 적응할 수 있는 능력
  - 문화적 감수성에 대한 헌신과 현지 풍습에 대한 존중

출장비는 자원봉사자 스스로 전부 부담함을 알려드립니다. 단, 자원봉사 기간 중에는 숙식이 제공됩니다.

자세한 정보와 신청은 당사 웹사이트 www.globalvolunteers.org를 방문하시면 됩니다.

진가영 영어
신경향 독해 마스터 시즌 1

Chapter

03

단일형 문항 ①

홈페이지 게시문
[세부 정보 파악(내용 불일치)]

단일형 문항 ❶ 홈페이지 게시문[세부 정보 파악(내용 불일치)]

Unit 01 2025년 출제 기조 전환 예시 문제

1 문제 풀어보기

2025년 출제 기조 전환 예시 문제 12번

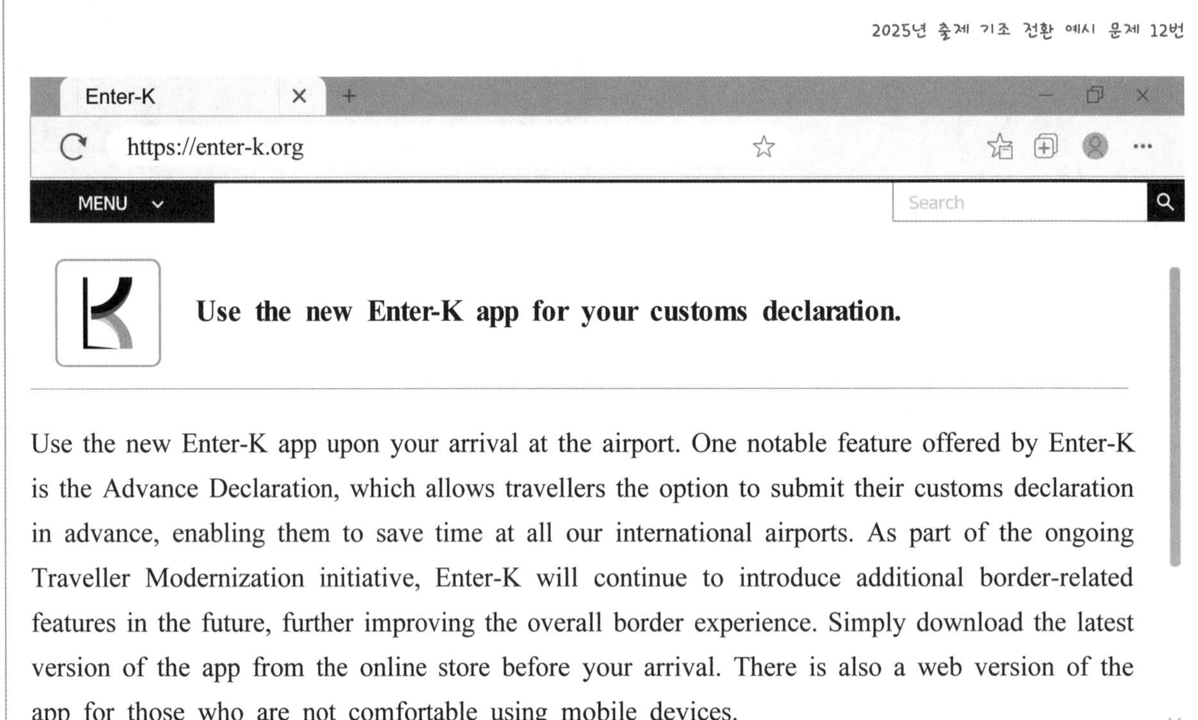

Use the new Enter-K app for your customs declaration.

Use the new Enter-K app upon your arrival at the airport. One notable feature offered by Enter-K is the Advance Declaration, which allows travellers the option to submit their customs declaration in advance, enabling them to save time at all our international airports. As part of the ongoing Traveller Modernization initiative, Enter-K will continue to introduce additional border-related features in the future, further improving the overall border experience. Simply download the latest version of the app from the online store before your arrival. There is also a web version of the app for those who are not comfortable using mobile devices.

01 **Enter-K 앱에 관한 다음 글의 내용과 일치하지 않는 것은?**

① It allows travellers to declare customs in advance.
② More features will be added later.
③ Travellers can download it from the online store.
④ It only works on personal mobile devices.

2 문제 풀이 전략 학습하기

'세부 정보 파악' 유형 문제 풀이 전략

STEP 1 선택지 확인 → 고유한 어휘를 확인하기

① It allows travellers to declare **customs** in advance.
② More **features** will be added later.
③ Travellers can download it from **the online store**.
④ It only works on personal **mobile devices**.

✎ 고유한 어휘란 다른 선택지에는 없고 하나의 선택지에만 존재하는 단어를 의미한다.

STEP 2 지문 확인 → 고유한 어휘를 기준으로 선택지에 해당하는 정보를 지문에서 찾기

✎ 하나의 선택지만 먼저 읽고 지문으로 바로 가서 내용을 확인한다.

STEP 3 선택지 분석 → 오답 소거 후 정답 도출

선지	지문
① 그것은 여행자들이 미리 세관 신고를 할 수 있게 해 준다.	One notable feature offered by Enter-K is the Advance Declaration, which **allows travellers the option to submit their customs declaration in advance**, …
② 더 많은 기능이 나중에 추가될 것이다.	Enter-K **will continue to introduce additional order-related features** in the future, …
③ 여행자들은 온라인 상점에서 이것을 다운로드할 수 있다.	Simply **download the latest version of the app from the online store** before your arrival.
④ 그것은 ~~개인 모바일 장치에서만~~ 작동한다.	There is **also a web version of the app** for those who are not comfortable using mobile devices.

정답 ④

난이도 ▮▮▮

3 중요 표현 복습하기

어휘 복습 TEST

❶ customs		❻ international	
❷ declaration		❼ ongoing	
❸ arrival		❽ introduce	
❹ in advance		❾ comfortable	
❺ enable			

어휘 복습 ANSWER

❶ customs	세관, 관세	❻ international	국제적인
❷ declaration	신고, 선언, 발표, 공표	❼ ongoing	계속 진행 중인
❸ arrival	도착, 도래, 도입	❽ introduce	도입하다, 소개하다, 시작하다
❹ in advance	미리, 전부터	❾ comfortable	편안한, 쾌적한
❺ enable	~을 할 수 있게 하다, 가능하게 하다		

4 지문 해석 확인하기

세관 신고를 위해 새로운 Enter-K 앱을 사용하세요.

공항에 도착하자마자 새로운 Enter-K 앱을 사용하세요. Enter-K가 제공하는 한 가지 주목할 만한 특징은 사전 신고(Advance Declaration)인데, 이것은 여행자들이 미리 세관 신고서를 제출할 수 있는 옵션을 허용함으로써 여행자들이 우리의 모든 국제공항에서 시간을 절약할 수 있게 해줍니다. Enter-K는 현재 진행 중인 Traveller Modernization 이니셔티브의 일환으로 향후에도 국경 관련 추가 기능을 계속 도입하여 전체적인 국경 경험을 더욱 향상시킬 것입니다. 도착하기 전에 온라인 상점에서 최신 버전의 앱을 다운로드하기만 하면 됩니다. 모바일 기기 사용이 불편한 사람들을 위한 웹 버전의 앱도 있습니다.

Unit 02 2025년 출제 기조 전환 연습 문제 ❶

1 문제 풀어보기

Animal Care Rescue

Welcome to Animal Care Rescue, your dedicated resource for animal welfare and rescue efforts! At Animal Care Rescue, we are committed to providing compassionate care and finding loving homes for animals in need. Our organization operates a network of shelters and foster homes where abandoned, neglected, and abused animals are given shelter, medical treatment, and rehabilitation. Our team of dedicated volunteers works tirelessly to ensure that each animal receives the love and attention they deserve while awaiting adoption. Additionally, we advocate for animal rights and promote responsible pet ownership through educational programs and community outreach initiatives. With your support, we can continue our mission of saving and improving the lives of animals throughout our community. Join us in making a difference at Animal Care Rescue!

01 **Animal Care Rescue에 관한 다음 글의 내용과 일치하지 않는 것은?**

① It focuses on promoting animal welfare and conducting rescue missions.
② It is operated solely by qualified personnel.
③ It allows animals to be given the necessary love and care as they await adoption.
④ It fosters responsible pet ownership through educational programs and community engagement activities.

2 문제 풀이 전략 학습하기

'세부 정보 파악' 유형 문제 풀이 전략

STEP 1 선택지 확인 → 고유한 어휘를 확인하기

① It focuses on promoting **animal welfare** and conducting **rescue missions**.

② It is operated solely by **qualified personnel**.

③ It allows animals to be given the necessary love and care as they await **adoption**.

④ It fosters responsible **pet ownership** through educational programs and community engagement activities.

✎ 고유한 어휘란 다른 선택지에는 없고 하나의 선택지에만 존재하는 단어를 의미한다.

STEP 2 지문 확인 → 고유한 어휘를 기준으로 선택지에 해당하는 정보를 지문에서 찾기

✎ 하나의 선택지만 먼저 읽고 지문으로 바로 가서 내용을 확인한다.

STEP 3 선택지 분석 → 오답 소거 후 정답 도출

선지	지문
① 그것은 동물 복지와 구조 활동에 전념하고 있다.	Welcome to AnimalCareRescue.org, **your dedicated resource for animal welfare and rescue efforts**!
② 그것은 ~~자격을 갖춘 직원들~~만으로 운영된다.	**Our team of dedicated volunteers** works tirelessly to ensure ...
③ 그것은 동물들이 입양을 기다리는 동안 사랑과 관심을 받을 수 있도록 한다.	Our team of dedicated volunteers works tirelessly to **ensure that each animal receives the love and attention they deserve while awaiting adoption**.
④ 그것은 교육 프로그램과 지역 사회 홍보 활동을 통해 책임 있는 반려동물 소유를 촉진한다.	Additionally, we advocate for animal rights and **promote responsible pet ownership through educational programs and community outreach initiatives**.

정답 ②

난이도 ▮▮▮▮

③ 중요 표현 복습하기

어휘 복습 TEST

① welfare	________	⑥ abuse	________
② commit	________	⑦ rehabilitation	________
③ compassionate	________	⑧ deserve	________
④ organization	________	⑨ ownership	________
⑤ abandoned	________	⑩ outreach	________

어휘 복습 ANSWER

① welfare	복지, 행복	⑥ abuse	학대하다, 남용하다, 오용하다
② commit	헌신[전념]하다, 저지르다, 약속하다, 맡기다	⑦ rehabilitation	재활, 재건, 회복, 부흥
		⑧ deserve	~을 할[받을] 만하다, ~할 가치가 있다
③ compassionate	연민 어린, 동정하는	⑨ ownership	소유, 소유권
④ organization	조직, 기구, 단체	⑩ outreach	봉사 활동, 지원 활동
⑤ abandoned	유기된, 버려진, 제멋대로인		

④ 지문 해석 확인하기

동물 보호 구조

동물 복지와 구조 활동을 위한 여러분의 헌신적인 자원인 Animal Care Rescue에 오신 것을 환영합니다! Animal Care Rescue에서, 우리는 도움이 필요한 동물들을 위해 연민 어린 보살핌을 제공하고 사랑하는 집을 찾기 위해 헌신하고 있습니다. 우리 단체는 유기된, 방치된, 그리고 학대 받는 동물들이 보호, 의료 치료, 재활을 받는 보호소와 위탁 가정의 네트워크를 운영하고 있습니다. 헌신적인 자원봉사자들로 이루어진 우리 팀은 각 동물이 입양을 기다리는 동안 그들이 마땅히 받아야 할 사랑과 관심을 받도록 하기 위해 끊임없이 노력합니다. 게다가, 우리는 교육 프로그램과 지역 사회 봉사 활동을 통해 동물의 권리를 옹호하고 책임감 있는 애완동물 소유를 장려합니다. 여러분의 지원으로, 우리는 우리의 지역 사회 전체에서 동물의 삶을 구하고 개선하는 우리의 임무를 계속할 수 있습니다. Animal Care Rescue에서 변화를 만드는 것에 우리와 함께 합시다!

Unit 02 2025년 출제 기조 전환 연습 문제 ❷

1 문제 풀어보기

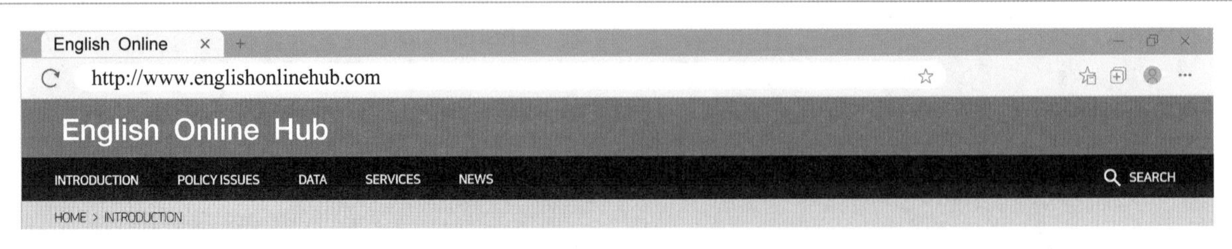

English Online Hub

Welcome to English Online Hub, your ultimate destination for learning English online! At English Online Hub, we offer a wide range of benefits to enhance your language learning experience. Subscribers to our platform gain access to interactive lessons, engaging quizzes, and comprehensive study materials designed to improve all aspects of English proficiency, including grammar, vocabulary, listening, speaking, reading, and writing skills. Our experienced instructors provide personalized feedback and support to help you reach your language learning goals effectively. Additionally, our platform offers flexible scheduling, allowing you to study at your own pace and convenience from anywhere with an internet connection. With our mobile-friendly interface, you can learn English on the go using your smartphone or tablet. Join English Online Hub today and take your English skills to the next level!

01 **English Online Hub에 관한 다음 글의 내용과 일치하지 않는 것은?**

① It supplies extensive learning resources to boost English proficiency.

② It delivers tailored feedback and support to help you reach your educational objectives.

③ It provides adjustable scheduling, letting you study according to your own rhythm.

④ It also allows users to attend in-person classes for better performance.

2 문제 풀이 전략 학습하기

'세부 정보 파악' 유형 문제 풀이 전략

STEP 1 선택지 확인 → 고유한 어휘를 확인하기

① It supplies extensive learning resources to boost **English proficiency**.
② It delivers tailored **feedback** and support to help you reach your educational objectives.
③ It provides adjustable **scheduling**, letting you study according to your own rhythm.
④ It also allows users to attend **in-person classes** for better performance.

✎ 고유한 어휘란 다른 선택지에는 없고 하나의 선택지에만 존재하는 단어를 의미한다.

STEP 2 지문 확인 → 고유한 어휘를 기준으로 선택지에 해당하는 정보를 지문에서 찾기

✎ 하나의 선택지만 먼저 읽고 지문으로 바로 가서 내용을 확인한다.

STEP 3 선택지 분석 → 오답 소거 후 정답 도출

선지	지문
① 그것은 영어 능력을 향상시키기 위해 광범위한 학습 자료를 제공한다.	Subscribers to our platform gain access to interactive lessons, engaging quizzes, and **comprehensive study materials designed to improve all aspects of English proficiency**, ...
② 그것은 당신이 교육 목표를 달성할 수 있도록 맞춤형 피드백과 지원을 제공한다.	Our experienced instructors **provide personalized feedback and support to help you reach your language learning goals** effectively.
③ 그것은 공부를 위한 유연한 스케줄링을 제공한다.	Additionally, our platform **offers flexible scheduling, allowing you to study at your own pace** and convenience from anywhere with an internet connection.
④ ~~그것은 또한 더 나은 수행을 위해 이용자들이 직접 수업에 참석할 수 있도록 허용한다.~~	언급 없음

정답 ④

난이도

3 중요 표현 복습하기

어휘 복습 TEST

❶ ultimate		❻ lesson	
❷ benefit		❼ flexible	
❸ subscriber		❽ objective	
❹ access		❾ tailored	
❺ comprehensive		❿ in-person	

어휘 복습 ANSWER

❶ ultimate	최종적인, 궁극적인, 최후의, 최고의	❻ lesson	수업, 교육, 가르침, 교훈
❷ benefit	혜택, 이득, 수당, 유익하다, 유용하다	❼ flexible	유연한, 융통성 있는
❸ subscriber	구독자, 이용자, 기부자	❽ objective	목표, 목적, 객관적인
❹ access	이용하다, 접근하다, 입장, 접근	❾ tailored	맞춤의, 잘[딱] 맞도록 만든
❺ comprehensive	종합적인, 포괄적인	❿ in-person	직접, 몸소

4 지문 해석 확인하기

English Online Hub

온라인으로 영어를 배우는 당신의 최종적인 목적지인 English Online Hub에 오신 것을 환영합니다! English Online Hub에서는 언어 학습 경험을 향상시키기 위해 다양한 혜택을 제공합니다. 플랫폼의 구독자들은 문법, 어휘, 듣기, 말하기, 읽기 및 쓰기 기술을 포함한 영어 기량의 모든 측면을 향상시키기 위해 설계된 쌍방향 수업, 참여형 퀴즈 및 종합적인 학습 자료를 이용할 수 있습니다. 숙련된 강사는 언어 학습 목표에 효과적으로 도달할 수 있도록 맞춤형 피드백과 지원을 제공합니다. 또한, 저희 플랫폼은 유연한 일정 관리를 제공하여 인터넷 연결이 가능한 어디에서나 자신만의 속도와 편의에 맞춰 학습을 할 수 있습니다. 모바일 친화적인 인터페이스로 스마트폰이나 태블릿을 사용하여 이동 중에도 영어를 배울 수 있습니다. 지금 바로 English Online Hub에 가입하여 당신의 영어 실력을 한 단계 발전시켜 보세요!

Unit 02 2025년 출제 기조 전환 연습 문제 ❸

1 문제 풀어보기

Suicide Prevention Center

Welcome to Suicide Prevention Center, your trusted resource for suicide prevention and mental health support! At Suicide Prevention Center, we understand the importance of providing immediate assistance to individuals in crisis. Our helpline operates 24 hours a day, 7 days a week, providing confidential support and counseling to those who are struggling with thoughts of suicide or emotional distress. Our trained volunteers and mental health professionals are available around the clock to offer compassionate listening, crisis intervention, and referrals to local resources for ongoing care. Additionally, our website offers a wealth of information and resources on suicide prevention, mental health awareness, and coping strategies. Whether you need immediate help or want to learn more about mental health, Suicide Prevention Center is here for you anytime, day or night.

01 **Suicide Prevention Center에 관한 다음 글의 내용과 일치하지 않는 것은?**

① It offers confidential support and counseling.
② It provides information on suicide prevention.
③ Its hotline operates only during business hours.
④ Its website provides abundant information and resources on preventing suicide.

② 문제 풀이 전략 학습하기

'세부 정보 파악' 유형 문제 풀이 전략

STEP ① 선택지 확인 → 고유한 어휘를 확인하기

① It offers confidential **support and counseling**.
② It provides information on suicide **prevention**.
③ Its **hotline** operates only during business hours.
④ Its website provides abundant **information** and **resources** on preventing suicide.

✎ 고유한 어휘란 다른 선택지에는 없고 하나의 선택지에만 존재하는 단어를 의미한다.

STEP ② 지문 확인 → 고유한 어휘를 기준으로 선택지에 해당하는 정보를 지문에서 찾기

✎ 하나의 선택지만 먼저 읽고 지문으로 바로 가서 내용을 확인한다.

STEP ③ 선택지 분석 → 오답 소거 후 정답 도출

선지	지문
① 그것은 기밀 지원 및 상담을 제공된다.	… **providing confidential support and counseling** to those who are struggling with thoughts of suicide or emotional distress.
② 그것은 자살 예방에 대한 정보를 제공한다.	Additionally, our website **offers a wealth of information and resources on suicide prevention**, mental health awareness, and coping strategies.
③ 그것은 전화 상담 서비스는 영업 시간에만 운영된다.	**Our helpline operates 24 hours a day, 7 days a week** …
④ 그것의 웹사이트는 자살 예방에 관한 풍부한 정보와 자료를 제공합니다.	Additionally, our **website offers a wealth of information and resources on suicide prevention**, mental health awareness, and coping strategies.

정답 ③

난이도

3 중요 표현 복습하기

어휘 복습 TEST

❶ suicide	______	❻ around the clock	______
❷ immediate	______	❼ referral	______
❸ helpline	______	❽ compassionate	______
❹ confidential	______	❾ cope	______
❺ counseling	______	❿ hotline	______

어휘 복습 ANSWER

❶ suicide	자살	❻ around the clock	24시간 내내
❷ immediate	즉각적인, 즉시의	❼ referral	소개, 위탁, 보내기
❸ helpline	전화 상담 서비스	❽ compassionate	연민어린, 동정심 있는
❹ confidential	비밀의, 기밀의, 은밀한	❾ cope	대처하다, 대응하다
❺ counseling	상담, 조언	❿ hotline	상담[서비스] 전화

4 지문 해석 확인하기

자살 예방 센터

자살 예방 및 정신 건강 지원을 위한 신뢰할 수 있는 지원을 제공하는 Suicide Prevention Center에 오신 것을 환영합니다! 자살 예방 센터에서 우리는 위기에 처한 사람들에게 즉각적인 도움을 제공하는 것의 중요성을 이해합니다. 우리의 전화 상담 서비스는 24시간 연중무휴로 운영되며 자살 또는 정서적 고통에 대한 생각으로 어려움을 겪고 있는 사람들에게 은밀한 지원과 상담을 제공합니다. 우리의 훈련받은 자원 봉사자들과 정신 건강 전문가들은 하루 24시간 내내 연민어린 경청, 위기 개입, 계속되는 돌봄을 위한 현지 자원의 소개를 제공합니다. 게다가, 우리의 웹사이트는 자살 예방, 정신 건강 인식 및 대처 전략에 대한 풍부한 정보와 자원을 제공합니다. 즉각적인 도움이 필요하거나 정신 건강에 대해 더 알고 싶다면, 자살 예방 센터는 낮이나 밤이나 언제든지 여러분을 위해 여기에 있습니다.

Unit 02 2025년 출제 기조 전환 연습 문제 ❹

1 문제 풀어보기

Paper Cup

cornhillsc@chs.edu.

MENU

Search

No Paper Cup Challenge

Cornhill High School invites you to the 'No Paper Cup Challenge'. This event encourages you to reduce the use of paper cups. Let's save the planet together!

How to participate

1) After being nominated, record a video of yourself using a tumbler.
2) Mention the person's name in the video and nominate the next participant.
3) Upload the video to our school website within 24 hours.

※ The Student Council President will initiate the challenge on December 1, 2021.

Additional Information

- The challenge will run for 2 weeks.
- All participants will receive a t-shirt.

For any questions about the challenge, please contact us at cornhillsc@chs.edu.

01 No Paper Cup Challenge에 관한 다음 글의 내용과 일치하지 않는 것은?

① Participants will create a video showing themselves using a tumbler.
② The school website is where participants are expected to post their videos.
③ The initiation of the challenge will be led by the Student Council President.
④ The challenge will continue for a duration of two weeks.

2 문제 풀이 전략 학습하기

'세부 정보 파악' 유형 문제 풀이 전략

STEP 1 선택지 확인 → 고유한 어휘를 확인하기

① Participants will create a video showing themselves using a **tumbler**.
② The **school website** is where participants are expected to post their videos.
③ The initiation of the challenge will be led by the **Student Council President**.
④ The challenge will continue for a duration of **two weeks**.

✎ 고유한 어휘란 다른 선택지에는 없고 하나의 선택지에만 존재하는 단어를 의미한다.

STEP 2 지문 확인 → 고유한 어휘를 기준으로 선택지에 해당하는 정보를 지문에서 찾기

✎ 하나의 선택지만 먼저 읽고 지문으로 바로 가서 내용을 확인한다.

STEP 3 선택지 분석 → 오답 소거 후 정답 도출

선지	지문
① 참가자는 텀블러를 사용하는 자신의 영상을 찍는다.	How to participate 1) After being nominated, **record a video of yourself using a tumbler**.
② 참가자가 영상을 올릴 곳은 학교 웹사이트다.	How to participate 3) **Upload the video to our school website** within 24 hours.
③ 챌린지의 시작은 총학생회 회장이 할 것이다.	※ **The Student Council President will initiate the challenge** on December 1, 2021.
④ 챌린지는 끝나고 2주 ~~후에 또 시작~~될 예정이다.	Additional Information • The challenge will run **for 2 weeks**.

정답 ④

난이도

3 중요 표현 복습하기

어휘 복습 TEST

❶ challenge ______

❷ encourage ______

❸ nominate ______

❹ initiate ______

어휘 복습 ANSWER

❶ challenge 도전, 도전하다, 이의를 제기하다

❷ encourage 권장하다, 장려하다, 격려하다

❸ nominate 지명하다, 추천하다, 임명하다

❹ initiate 시작하다

4 지문 해석 확인하기

종이컵 사용 안 하기 챌린지

Cornhill 고등학교는 '종이컵 사용 안 하기 챌린지'에 여러분을 초대합니다. 이 행사는 여러분이 종이컵의 사용을 줄이도록 권장합니다. 함께 지구를 구합시다!

참여 방법

1) 후보로 지명된 후 텀블러를 사용하고 있는 자신의 영상을 녹화하세요.
2) 영상에서 그 사람의 이름을 말하여 다음 참가자를 지명하세요.
3) 24시간 이내에 우리 학교 웹 사이트에 영상을 업로드하세요.
※ 총학생회 회장이 2021년 12월 1일에 챌린지를 시작할 것입니다.

추가 정보

• 챌린지는 2주 동안 진행될 것입니다.
• 모든 참가자는 티셔츠를 받게 됩니다.

챌린지에 관한 질문이 있는 경우 cornhillsc@chs.edu로 저희에게 연락해 주십시오.

Unit 02 2025년 출제 기조 전환 연습 문제 ⑤

1 문제 풀어보기

Public Bike Sharing Service

Planning to explore the city at minimal cost?
If so, our service will welcome you to almost anywhere you want to go at almost no cost.

Rent

- Register anywhere via our easy app.
- Payment can be made only by credit card.

Fee

- Free for the first 30 minutes
- One dollar per additional 30 minutes

Use

- Choose a bike and scan the QR code on the bike.
- Helmets are not provided.

Return

- Return the bike to the Green Zone shown on the app.
- Complete the return by pressing the OK button on the bike.

01 Public Bike Sharing Service에 관한 다음 글의 내용과 일치하지 않는 것은?

① Only credit card payments are available.
② The first 30 minutes are free of charge.
③ The bicycle is accessed by scanning the QR code.
④ Bicycles can be returned anywhere.

2 문제 풀이 전략 학습하기

'세부 정보 파악' 유형 문제 풀이 전략

STEP 1 선택지 확인 → 고유한 어휘를 확인하기

① Only **credit card** payments are available.
② The first **30 minutes** are free of charge.
③ The bicycle is accessed by scanning the **QR code**.
④ Bicycles can **be returned** anywhere.

✎ 고유한 어휘란 다른 선택지에는 없고 하나의 선택지에만 존재하는 단어를 의미한다.

STEP 2 지문 확인 → 고유한 어휘를 기준으로 선택지에 해당하는 정보를 지문에서 찾기

✎ 하나의 선택지만 먼저 읽고 지문으로 바로 가서 내용을 확인한다.

STEP 3 선택지 분석 → 오답 소거 후 정답 도출

선지	지문
① 신용 카드 결제만 가능하다.	Rent • Payment can be made **only by credit card**.
② 처음 30분은 무료로 이용할 수 있다.	Fee • Free for the first **30 minutes**
③ 자전거의 QR 코드를 스캔해서 이용한다.	Use • Choose a bike and **scan the QR code** on the bike.
④ 자전거 반납은 ~~아무 곳에서나~~ 가능하다.	Return the bike to **the Green Zone** shown on the app.

정답 ④

난이도

3 중요 표현 복습하기

어휘 복습 TEST

❶ minimal ______ ❹ additional ______

❷ almost ______ ❺ provide ______

❸ via ______ ❻ return ______

어휘 복습 ANSWER

❶ minimal 최소의, 아주 적은 ❹ additional 추가의

❷ almost 거의 ❺ provide 제공하다

❸ via 통하여, 경유하여, 거쳐 ❻ return 반납, 귀환, 반납하다, 돌아오다

4 지문 해석 확인하기

시 공공 자전거 공유 서비스

최소한의 비용으로 시를 답사할 계획인신가요?
그렇다면 우리의 서비스가 여러분들을 원하는 거의 모든 곳에 거의 무료로 모실 것입니다.

대여
- 저희의 쉬운 앱을 이용해 어디서든 등록하세요.
- 요금 지불은 신용 카드로만 할 수 있습니다.

요금
- 처음 30분은 무료입니다.
- 추가 30분마다 1달러입니다.

사용
- 자전거를 선택하고 그 자전거의 QR 코드를 스캔하세요.
- 헬멧은 제공되지 않습니다.

반납
- 앱에 보이는 Green Zone으로 자전거를 반납하세요.
- 자전거의 OK 버튼을 눌러 반납을 완료하세요.

Unit 02 2025년 출제 기조 전환 연습 문제 ⑥

1 문제 풀어보기

Renovation ×

https://www.serenevalleyresort.com

MENU

Search

Renovation Notice

Serene Valley Resort is continuously improving its facilities to provide better services to guests. Therefore, we plan to renovate certain areas of the resort according to the following schedule.

Renovation Period : November 21 to December 18, 2024

- Renovations will take place every day from 9:00 a.m. to 5:00 p.m.

Areas to be Closed : Gymnasium and Indoor Swimming Pool

Further Information

- All outdoor recreational activities will be available as usual.
- Guests will receive a 15% discount on all meals at the restaurant.
- Guests can use the tennis court free of charge.

During this period, certain areas of the resort may be temporarily unavailable. We apologize for any inconvenience this may cause and we will take all possible measures to minimize noise and other inconveniences. Thank you sincerely for your understanding.

01 Renovation Notice에 관한 다음 글의 내용과 일치하지 않는 것은?

① It will start on November 21, 2022.

② It will be carried out only on weekends.

③ The gym and indoor swimming pool will be closed.

④ All evening leisure activities will be available as usual.

2 문제 풀이 전략 학습하기

'세부 정보 파악' 유형 문제 풀이 전략

STEP 1 선택지 확인 → 고유한 어휘를 확인하기

① It will start on **November** 21, 2024.
② It will be carried out only on **weekends**.
③ The **gym** and indoor swimming pool will be closed.
④ All evening **leisure** activities will be available as usual.

고유한 어휘란 다른 선택지에는 없고 하나의 선택지에만 존재하는 단어를 의미한다.

STEP 2 지문 확인 → 고유한 어휘를 기준으로 선택지에 해당하는 정보를 지문에서 찾기

하나의 선택지만 먼저 읽고 지문으로 바로 가서 내용을 확인한다.

STEP 3 선택지 분석 → 오답 소거 후 정답 도출

선지	지문
① 그것은 2024년 11월 21일에 시작된다.	Renovation Period : **November 21 to December 18, 2024**
② 그것은 주말에만 진행될 것이다.	• Renovations will take place **every day** from 9:00 a.m. to 5:00 p.m.
③ 체육관과 실내 수영장은 폐쇄될 것이다.	Areas to be Closed : **Gymnasium and Indoor Swimming Pool**
④ 모든 야외 레저 활동은 평소와 같이 가능할 것이다.	Further Information • **All outdoor recreational activities will be available as usual.**

정답 ②

난이도

3 중요 표현 복습하기

어휘 복습 TEST

❶ renovation ____________

❷ continuously ____________

❸ improve ____________

❹ period ____________

❺ November ____________

❻ December ____________

❼ gymnasium ____________

❽ usual ____________

❾ free of charge ____________

❿ noise ____________

어휘 복습 ANSWER

❶ renovation 보수, 개조

❷ continuously 계속적으로, 연속해서

❸ improve 개선하다, 향상시키다

❹ period 기간, 시기, 시대

❺ November 11월

❻ December 12월

❼ gymnasium 체육관

❽ usual 평상시의, 보통의

❾ free of charge 무료로, 무료의

❿ noise 소음, 잡음

4 지문 해석 확인하기

보수 공사 공지

평온한 계곡 리조트는 투숙객들에게 더 나은 서비스를 제공하기 위해 계속적으로 시설을 개선하고 있습니다. 그래서 우리는 아래 일정에 따라 리조트의 몇몇 구역을 보수 공사하려고 합니다.

보수 공사 기간: 2024년 11월 21일부터 12월 18일까지
• 보수 공사는 매일 오전 9시부터 오후 5시까지 진행됩니다.
폐쇄될 구역: 체육관과 실내 수영장
추가 정보
• 모든 야외 여가 활동은 평소와 같이 가능할 것입니다.
• 투숙객들은 식당의 모든 식사에 대해 15퍼센트의 할인을 받을 것입니다.
• 투숙객들은 테니스장을 무료로 이용할 수 있습니다.

이 기간 동안 리조트의 특정 구역이 일시적으로 이용 불가능할 수 있습니다. 이에 따라 불편을 끼쳐드려 대단히 죄송하며, 소음 및 기타 불편을 최소화하기 위해 모든 가능한 조치를 취할 것입니다. 여러분의 이해에 진심으로 감사드립니다.

Unit 02 2025년 출제 기조 전환 연습 문제 ⑦

1 문제 풀어보기

SCGF × +

www.seoulcreditguaranteefoundation.org

Seoul Credit Guarantee Foundation

INTRODUCTION POLICY ISSUES DATA SERVICES NEWS SEARCH

HOME > INTRODUCTION

Seoul Credit Guarantee Foundation(SCGF)

Welcome to Seoul Credit Guarantee Foundation! We are a credit guarantee foundation dedicated to supporting small businesses for their economic stability. SCGF issues guarantees to help small business owners secure funding and provides financial counseling and support programs.

□ **Key Roles and Services**

- **Financial Counseling and Support Programs**: Providing counseling and support programs on funding to help small business owners effectively utilize funds.
- **Online Application and Counseling**: Offering online application for guarantee certificate issuance and financial counseling services through our website.
- **Guarantee Certificate Issuance**: Issuing guarantee certificates to small business owners facing financial difficulties to enable them to obtain loans and financial support from financial institutions.

□ **Achievements**

Over the years, SCGF has assisted numerous small businesses in overcoming economic challenges and achieving growth. Companies that have secured funds through the foundation's guarantees have expanded their operations, created jobs, and increased revenues, contributing significantly to the revitalization of the local economy.

01 Seoul Credit Guarantee Foundation에 관한 다음 글의 내용과 일치하지 않는 것은?

① It supports loans through warranty.

② It provides financial counseling and support programs to help operate small business owners.

③ It has aided countless small businesses in surmounting economic obstacles.

④ It directly provides financial support for small business owners by providing funds.

2 문제 풀이 전략 학습하기

'세부 정보 파악' 유형 문제 풀이 전략

STEP 1 선택지 확인 → 고유한 어휘를 확인하기

① It supports **loans** through warranty.
② It provides **financial counseling** and support programs to help operate small business owners.
③ It has aided countless small businesses in surmounting **economic obstacles**.
④ It directly provides financial support for small business owners by providing **funds**.

✎ 고유한 어휘란 다른 선택지에는 없고 하나의 선택지에만 존재하는 단어를 의미한다.

STEP 2 지문 확인 → 고유한 어휘를 기준으로 선택지에 해당하는 정보를 지문에서 찾기

✎ 하나의 선택지만 먼저 읽고 지문으로 바로 가서 내용을 확인한다.

STEP 3 선택지 분석 → 오답 소거 후 정답 도출

선지	지문
① 그것은 소상공인이 보증서를 통해 대출을 받을 수 있도록 지원한다.	• **Guarantee Certificate Issuance: Issuing guarantee certificates to small business owners facing financial difficulties to enable them to obtain loans** and financial support from financial institutions.
② 그것은 소상공인의 효율적인 자금 운용을 돕기 위해 금융 상담과 지원 프로그램을 제공한다.	• **Financial Counseling and Support Programs: Providing counseling and support programs on funding to help small business owners effectively utilize funds.**
③ 그것은 셀 수 없이 많은 소규모 비즈니스가 경제적 장애물을 극복하고 확장할 수 있도록 도와왔다.	Over the years, **SCGF has assisted numerous small businesses in overcoming economic challenges and achieving growth.**
④ 그것은 ~~기금을 마련하여 직접 소상공인들에게 재정적인 지원을 제공한다.~~	언급 없음

정답 ④

난이도 ▮▮▮▮

3 중요 표현 복습하기

어휘 복습 TEST

❶ guarantee	________	❻ utilize	________
❷ foundation	________	❼ certificate	________
❸ stability	________	❽ issuance	________
❹ financial	________	❾ institution	________
❺ obtain	________	❿ overcome	________

어휘 복습 ANSWER

❶ guarantee	보증, 보장, 담보, 보증하다	❻ utilize	활용하다, 이용하다
❷ foundation	재단, 토대, 기반	❼ certificate	증서, 증명서, 자격증
❸ stability	안정(성)	❽ issuance	발급, 배포, 발행, 간행
❹ financial	재정의, 금융의	❾ institution	기관, 단체, 협회, 제도
❺ obtain	얻다, 획득하다	❿ overcome	극복하다, 이기다

4 지문 해석 확인하기

서울신용보증기금

서울신용보증기금에 오신 것을 환영합니다! 저희는 중소기업의 경제적 안정을 지원하는 데 전념하는 신용보증재단입니다. 서울신용보증재단은 소상공인들이 자금을 확보할 수 있도록 돕기 위해 보증서를 발급하고 금융 상담 및 지원 프로그램을 제공합니다.

☐ 주요 역할 및 서비스
- **금융 상담 및 지원 프로그램**: 소상공인이 자금을 효과적으로 활용할 수 있도록 자금 지원에 관한 상담 및 지원 프로그램 제공함.
- **온라인 신청 및 상담**: 당사 홈페이지를 통해 보증서 발급 및 금융 상담 서비스 온라인 접수 가능
- **보증서 발급**: 자금난에 직면한 소상공인에게 보증서를 발급하여 금융기관에서 대출 및 자금지원을 받을 수 있음.

☐ 성과

SCGF는 수년간 수많은 중소기업들이 경제적 어려움을 극복하고 성장할 수 있도록 지원해 왔습니다. 재단의 보증을 통해 자금을 확보한 기업들은 사업을 확장하고 일자리를 창출하며 수익을 증대시켜 지역경제 활성화에 크게 기여하고 있습니다.

진가영 영어
신경향 독해 마스터 시즌 1

Chapter

04

단일형 문항 ②

홈페이지 게시문
[세부 정보 파악(내용 일치)]

단일형 문항 ❷ 홈페이지 게시문[세부 정보 파악(내용 일치)]

Unit 01 2025년 출제 기조 전환 예시 문제

1 문제 풀어보기

2025년 출제 기조 전환 예시 문제 13번

Office of the Labor Commissioner(OLC) Responsibilities

The OLC is the principal labor regulatory agency for the state. The OLC is responsible for ensuring that minimum wage, prevailing wage, and overtime are paid to employees, and that employee break and lunch periods are provided. In addition, the OLC has authority over the employment of minors. It is the vision and mission of this office to resolve labor-related problems in an efficient, professional, and effective manner. This includes educating employers and employees regarding their rights and responsibilities under the law. The OLC takes enforcement action when necessary to ensure that workers are treated fairly and compensated for all time worked.

01 **Office of the Labor Commissioner에 관한 다음 글의 내용과 일치하는 것은?**

① It ensures that employees pay taxes properly.
② It has authority over employment of adult workers only.
③ It promotes employers' business opportunities.
④ It takes action when employees are unfairly treated.

2 문제 풀이 전략 학습하기

'세부 정보 파악' 유형 문제 풀이 전략

STEP 1 선택지 확인 → 고유한 어휘를 확인하기

① It ensures that employees pay **taxes** properly.

② It has authority over employment of **adult workers** only.

③ It promotes employers' **business** opportunities.

④ It takes **action** when employees are unfairly treated.

✎ 고유한 어휘란 다른 선택지에는 없고 하나의 선택지에만 존재하는 단어를 의미한다.

STEP 2 지문 확인 → 고유한 어휘를 기준으로 선택지에 해당하는 정보를 지문에서 찾기

✎ 하나의 선택지만 먼저 읽고 지문으로 바로 가서 내용을 확인한다.

STEP 3 선택지 분석 → 오답 소거 후 정답 도출

선지	지문
① 그것은 직원들이 ~~세금을 제대로 납부하도록~~ 보장한다.	언급 없음
② 그것은 ~~성인 근로자의 고용~~에만 권한을 가지고 있다.	In addition, the OLC has authority over **the employment of minors**.
③ 그것은 고용주의 ~~사업 기회들을 촉진한다~~.	언급 없음
④ 그것은 직원들이 불공정하게 대우 받을 때 조치를 취한다.	The OLC **takes enforcement action** when necessary to **ensure that workers are treated fairly** and compensated for all time worked.

정답 ④

난이도

3 중요 표현 복습하기

어휘 복습 TEST

❶ principal ________
❷ regulatory ________
❸ minimum ________
❹ wage ________
❺ employee ________
❻ minor ________
❼ employer ________
❽ enforcement ________
❾ compensate ________

어휘 복습 ANSWER

❶ principal 주된, 주요한, 학장, 총장
❷ regulatory 규제의, 통제의, 단속의
❸ minimum 최저의, 최소한의
❹ wage 임금, 급료
❺ employee 종업원
❻ minor 미성년자, 부전공, 작은, 가벼운
❼ employer 고용주
❽ enforcement 집행, 시행, 실시
❾ compensate 보상하다, 보상금을 주다

4 지문 해석 확인하기

노동위원회(OLC) 사무소의 책임

OLC는 국가의 주요 노동 규제 기관입니다. OLC는 최저 임금, 적정 임금, 그리고 초과 근무 수당 등이 종업원에게 지급되고 종업원의 휴식 및 점심시간이 제공되도록 보장하는 것에 책임이 있습니다. 게다가, OLC는 미성년자 고용에 관한 권한을 가지고 있습니다. 노동과 관련된 문제들을 효율적이고 전문적이며 효과적인 방법으로 해결하는 것이 본 사무소의 비전이자 임무입니다. 이것은 고용주와 종업원에게 법에 따른 그들의 권리와 책임에 대해 교육하는 것을 포함합니다. OLC는 근로자가 공정하게 대우받고 모든 근무 시간에 대해 보상을 받는 것을 보장할 수 있도록 필요할 때 집행 조치를 취합니다.

Unit 02 2025년 출제 기조 전환 연습 문제 ❶

1 문제 풀어보기

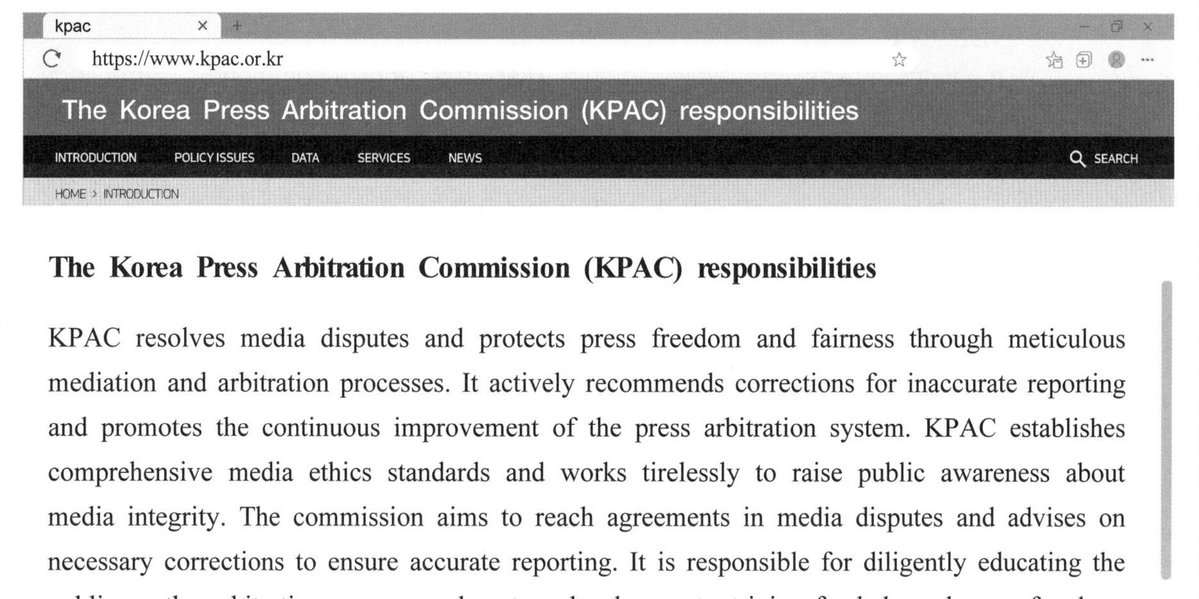

The Korea Press Arbitration Commission (KPAC) responsibilities

KPAC resolves media disputes and protects press freedom and fairness through meticulous mediation and arbitration processes. It actively recommends corrections for inaccurate reporting and promotes the continuous improvement of the press arbitration system. KPAC establishes comprehensive media ethics standards and works tirelessly to raise public awareness about media integrity. The commission aims to reach agreements in media disputes and advises on necessary corrections to ensure accurate reporting. It is responsible for diligently educating the public on the arbitration process and system development, striving for balanced press freedom. KPAC collaborates with global arbitration bodies, sharing standards and engaging in discussions on international media issues.

01 **Korea Press Arbitration Commission에 관한 다음 글의 내용과 일치하는 것은?**

① It focuses solely on domestic media issues and does not engage in international cooperation.
② It mediates cases to resolve media disputes and recommends corrections in reporting.
③ It is responsible for providing financial support to media organizations.
④ It does not involve itself in educating the public about the arbitration process.

Chapter 04

2 문제 풀이 전략 학습하기

'세부 정보 파악' 유형 문제 풀이 전략

STEP 1 선택지 확인 → 고유한 어휘를 확인하기

① It focuses solely on domestic media issues and does not engage in **international cooperation**.

② It mediates cases to resolve media **disputes** and recommends corrections in reporting.

③ It is responsible for providing **financial support** to media organizations.

④ It does not involve itself in **educating the public** about the arbitration process.

✎ 고유한 어휘란 다른 선택지에는 없고 하나의 선택지에만 존재하는 단어를 의미한다.

STEP 2 지문 확인 → 고유한 어휘를 기준으로 선택지에 해당하는 정보를 지문에서 찾기

✎ 하나의 선택지만 먼저 읽고 지문으로 바로 가서 내용을 확인한다.

STEP 3 선택지 분석 → 오답 소거 후 정답 도출

선지	지문
① 그것은 ~~국내 미디어 문제에만 초점을 맞추고 국제 협력에는 나서지 않는다~~.	KPAC **collaborates with global arbitration bodies**, sharing standards and engaging in discussions on international media issues.
② 그것은 언론 분쟁 해결을 위해 사건을 조정하고 보도 시 정정을 권고한다.	The commission aims to reach agreements **in media disputes and advises on necessary corrections** to ensure accurate reporting.
③ ~~그것은 언론 기관에 재정적 지원을 제공하는 역할을~~ 한다.	언급 없음
④ 그것은 대중에게 중재 과정에 대해 교육하는 데 관~~여하지 않는다~~.	It **is responsible for diligently educating the public on the arbitration process** and system development,

정답 ②

난이도 ▮▮

3 중요 표현 복습하기

어휘 복습 TEST

❶ resolve		❻ inaccurate	
❷ dispute		❼ comprehensive	
❸ meticulous		❽ ethics	
❹ mediation		❾ integrity	
❺ arbitration			

어휘 복습 ANSWER

❶ resolve	해결하다, 결심하다, 용해하다	❻ inaccurate	부정확한, 오류가 있는
❷ dispute	분쟁, 논란, 논쟁하다, 논의하다	❼ comprehensive	포괄적인, 종합적인
❸ meticulous	세심한, 꼼꼼한	❽ ethics	윤리, 도덕, 윤리학
❹ mediation	조정, 중재	❾ integrity	진실(성), 정직, 완전함
❺ arbitration	조정, 중재		

4 지문 해석 확인하기

한국언론중재위원회의 책임

KPAC는 세심한 중재와 조정 과정을 통해 언론 분쟁을 해결하고 언론의 자유와 공정성을 보호합니다. KPAC는 부정확한 보도에 대한 수정을 적극적으로 권고하고 언론 중재 시스템의 지속적인 개선을 촉진합니다. KPAC는 포괄적인 언론 윤리 기준을 설정하고 언론의 진실성에 대한 대중의 인식을 높이기 위해 노력합니다. 이 위원회는 언론 분쟁에서 합의를 도출하는 것을 목표로 하며 정확한 보도를 보장하는 데 필요한 시정에 대해 조언합니다. 균형 잡힌 언론자유를 위해 노력하며 대중들에게 중재 과정과 제도발전에 대해 부지런히 교육하는 역할을 합니다. KPAC는 국제 중재 기구와 협력하여 기준을 공유하고 국제 언론 문제에 대한 논의에 참여합니다.

Unit 02 2025년 출제 기조 전환 연습 문제 ❷

1 문제 풀어보기

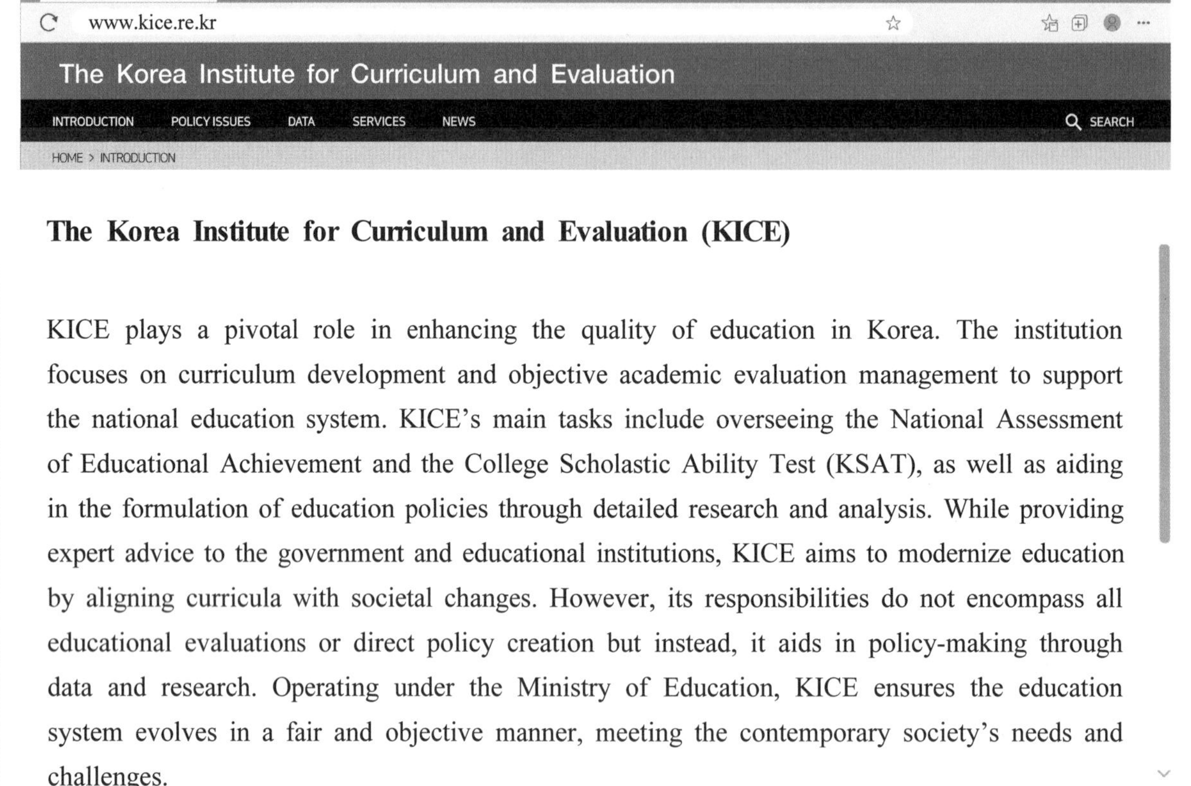

The Korea Institute for Curriculum and Evaluation (KICE)

KICE plays a pivotal role in enhancing the quality of education in Korea. The institution focuses on curriculum development and objective academic evaluation management to support the national education system. KICE's main tasks include overseeing the National Assessment of Educational Achievement and the College Scholastic Ability Test (KSAT), as well as aiding in the formulation of education policies through detailed research and analysis. While providing expert advice to the government and educational institutions, KICE aims to modernize education by aligning curricula with societal changes. However, its responsibilities do not encompass all educational evaluations or direct policy creation but instead, it aids in policy-making through data and research. Operating under the Ministry of Education, KICE ensures the education system evolves in a fair and objective manner, meeting the contemporary society's needs and challenges.

01 **Korea Institute for Curriculum and Evaluation에 관한 다음 글의 내용과 일치하는 것은?**

① It is responsible for all educational evaluations and direct establishment of educational policies.
② It focuses on fair and impartial evaluation to improve the quality of education.
③ It is independently operated without control of other institutions.
④ It develops and manages all evaluations related to college entrance exams.

2 문제 풀이 전략 학습하기

'세부 정보 파악' 유형 문제 풀이 전략

STEP 1 선택지 확인 → 고유한 어휘를 확인하기

① It is responsible for all educational evaluations and direct establishment of educational **policies**.
② It focuses on fair and impartial evaluation to improve the **quality** of education.
③ It is independently operated without control of **other institutions**.
④ It develops and manages all evaluations related to **college** entrance exams.

✎ 고유한 어휘란 다른 선택지에는 없고 하나의 선택지에만 존재하는 단어를 의미한다.

STEP 2 지문 확인 → 고유한 어휘를 기준으로 선택지에 해당하는 정보를 지문에서 찾기

✎ 하나의 선택지만 먼저 읽고 지문으로 바로 가서 내용을 확인한다.

STEP 3 선택지 분석 → 오답 소거 후 정답 도출

선지	지문
① 그것은 모든 교육 평가와 교육 정책의 직접적인 수립을 담당한다.	However, its responsibilities **do not encompass all educational evaluations or direct policy creation** but instead, it aids in policy-making through data and research.
② 그것은 교육의 질 향상을 위한 공정하고 공정한 평가에 중점을 두고 있다.	The KICE plays a pivotal role **in enhancing the quality of education** in Korea. The institution **focuses on** curriculum development and **objective academic evaluation management** to support the national education system.
③ 그것은 다른 기관의 ~~통제 없이 독립적으로~~ 운영되고 있다.	**Operating under the Ministry of Education**, KICE ensures the education system evolves in a fair and objective manner, ...
④ 그것은 대학입시와 관련된 ~~모든 평가를 개발하고 관리한다~~.	KICE's main tasks include **overseeing** the National Assessment of Educational Achievement and **the College Scholastic Ability Test (KSAT)**, ...

정답 ②

난이도

3 중요 표현 복습하기

어휘 복습 TEST

1. pivotal ______________
2. objective ______________
3. oversee ______________
4. assessment ______________
5. align ______________
6. contemporary ______________

어휘 복습 ANSWER

1. pivotal 중추적인, 중요한
2. objective 객관적인, 목적, 목표
3. oversee 감독하다, 두루 살피다
4. assessment 평가
5. align (맞춰서) 조정[조절]하다, 일직선으로 맞추다, 정렬시키다
6. contemporary 현대의, 동시대의

4 지문 해석 확인하기

한국 교육과정 평가원

한국 교육과정 평가원(KICE)은 한국의 교육 품질 향상에 중추적인 역할을 합니다. 이 기관은 국가 교육 시스템을 지원하기 위해 교육과정 개발과 객관적인 학업 평가 관리에 중점을 둡니다. KICE의 주요 임무에는 세부적인 연구와 분석을 통한 교육 정책 수립하는 데 도움을 줄 뿐만 아니라 국가 교육 성취도 평가와 대학수학능력시험(KSAT)의 감독도 포함합니다. 정부와 교육 기관에 전문적인 조언을 제공하면서, KICE는 교육과정을 사회 변화에 맞춰서 조정함으로써 교육을 현대화하는 것을 목표로 합니다. 그러나 모든 교육 평가 또는 직접적인 정책 수립까지 담당하는 것은 아니며, 대신 데이터와 연구를 통해 정책 결정에 도움을 줍니다. 교육부 산하에서 운영되며, KICE는 교육 시스템이 현대 사회의 요구와 과제를 충족하고 공정하고 객관적인 방식으로 발전하도록 보장합니다.

Unit 02 2025년 출제 기조 전환 연습 문제 ③

1 문제 풀어보기

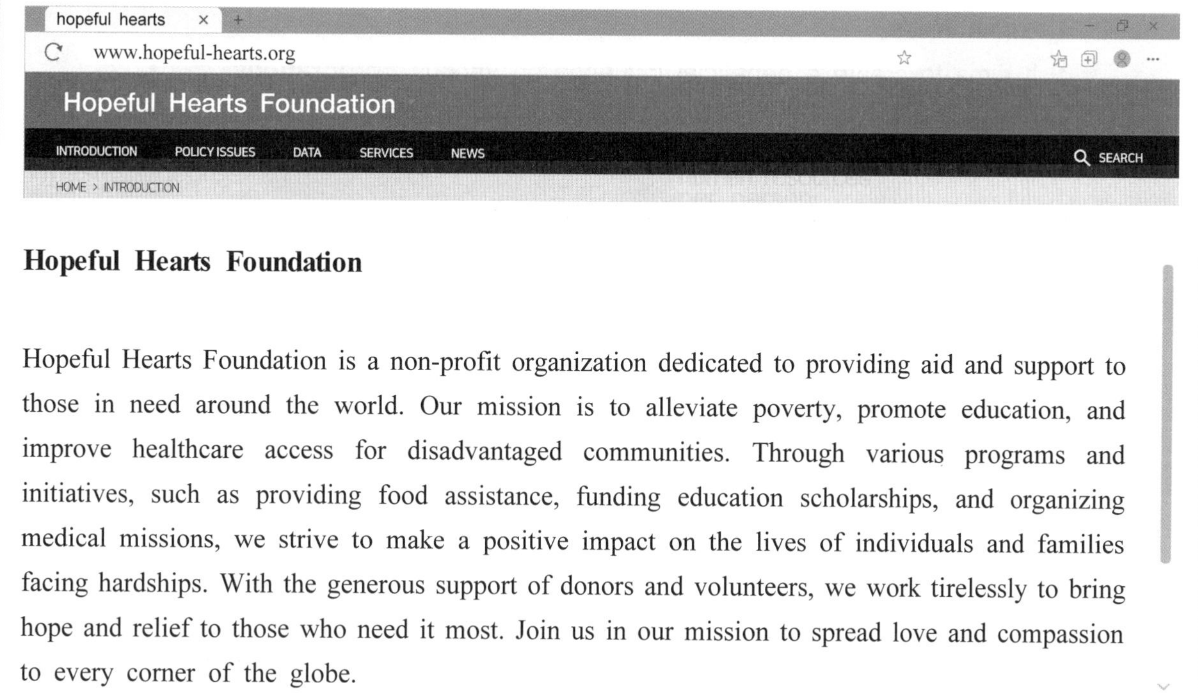

Hopeful Hearts Foundation

Hopeful Hearts Foundation is a non-profit organization dedicated to providing aid and support to those in need around the world. Our mission is to alleviate poverty, promote education, and improve healthcare access for disadvantaged communities. Through various programs and initiatives, such as providing food assistance, funding education scholarships, and organizing medical missions, we strive to make a positive impact on the lives of individuals and families facing hardships. With the generous support of donors and volunteers, we work tirelessly to bring hope and relief to those who need it most. Join us in our mission to spread love and compassion to every corner of the globe.

01 **Hopeful Hearts Foundation에 관한 다음 글의 내용과 일치하는 것은?**

① It concentrates solely on providing better healthcare access to underprivileged communities.
② It aims to create a beneficial influence on various corporations.
③ It is supported by the generous contributions of donors and volunteers.
④ Its mission is limited to providing food assistance.

2 문제 풀이 전략 학습하기

'세부 정보 파악' 유형 문제 풀이 전략

STEP 1 선택지 확인 → 고유한 어휘를 확인하기

① It concentrates solely on providing better **healthcare access** to underprivileged communities.
② It aims to create a beneficial influence on various **corporations**.
③ It is supported by the generous contributions of **donors** and volunteers.
④ Its mission is limited to providing **food assistance**.

✎ 고유한 어휘란 다른 선택지에는 없고 하나의 선택지에만 존재하는 단어를 의미한다.

STEP 2 지문 확인 → 고유한 어휘를 기준으로 선택지에 해당하는 정보를 지문에서 찾기

✎ 하나의 선택지만 먼저 읽고 지문으로 바로 가서 내용을 확인한다.

STEP 3 선택지 분석 → 오답 소거 후 정답 도출

선지	지문
① 그것은 소외된 지역 사회에 ~~더 나은 의료 접근성을 제공하는 데에만~~ 중점을 둔다.	Our mission is **to alleviate poverty, promote education, and improve healthcare access for disadvantaged communities**.
② 그것은 ~~다양한 기업~~에 유익한 영향을 미치는 것을 목표로 한다.	we strive to **have a positive impact on the lives of individuals** ...
③ 그것은 기부자와 자원봉사자들의 아낌없는 지원을 받고 있다.	**With the generous support of donors and volunteers**, we work tirelessly to bring hope and relief to those who need it most.
④ 그것의 임무는 식량 지원에 ~~국한된다~~.	**Through various programs and initiatives**, such as providing food assistance, funding education scholarships, and organizing medical missions, ...

정답 ③

난이도 IIII

3 중요 표현 복습하기

어휘 복습 TEST

❶ foundation	______	❻ initiative	______
❷ non-profit	______	❼ scholarship	______
❸ poverty	______	❽ relief	______
❹ promote	______	❾ compassion	______
❺ disadvantaged	______		

어휘 복습 ANSWER

❶ foundation	재단, 토대, 기초, 기반	❻ initiative	계획, 진취성, 주도(권)
❷ non-profit	비영리적인	❼ scholarship	장학금, 학문
❸ poverty	가난, 빈곤, 부족	❽ relief	구호(품), 경감, 완화, 안도, 안심
❹ promote	장려[촉진]하다, 승진시키다, 홍보하다	❾ compassion	연민, 동정심
❺ disadvantaged	빈곤한, 사회적으로 혜택을 받지 못한		

4 지문 해석 확인하기

Hopeful Hearts 재단

Hopeful Hearts 재단은 전 세계의 도움이 필요한 사람들에게 도움과 지원을 제공하는 데 전념하는 비영리 단체입니다. 우리의 사명은 가난을 덜어주고, 교육을 장려하며, 빈곤한 지역 사회를 위한 의료 접근성을 개선하는 것입니다. 식량 지원 제공, 교육 장학금 지원, 의료 선교 조직과 같은 다양한 프로그램과 계획을 통해, 우리는 어려움에 직면한 개인과 가족의 삶에 긍정적인 영향을 미치기 위해 노력합니다. 기부자와 자원 봉사자의 후한 지원으로, 우리는 그것이 가장 필요한 사람들에게 희망과 구호를 주기 위해 끊임없이 노력합니다. 전 세계 모든 곳곳에 사랑과 연민을 퍼뜨리는 우리의 사명에 함께 합시다.

Unit 02 2025년 출제 기조 전환 연습 문제 ❹

1 문제 풀어보기

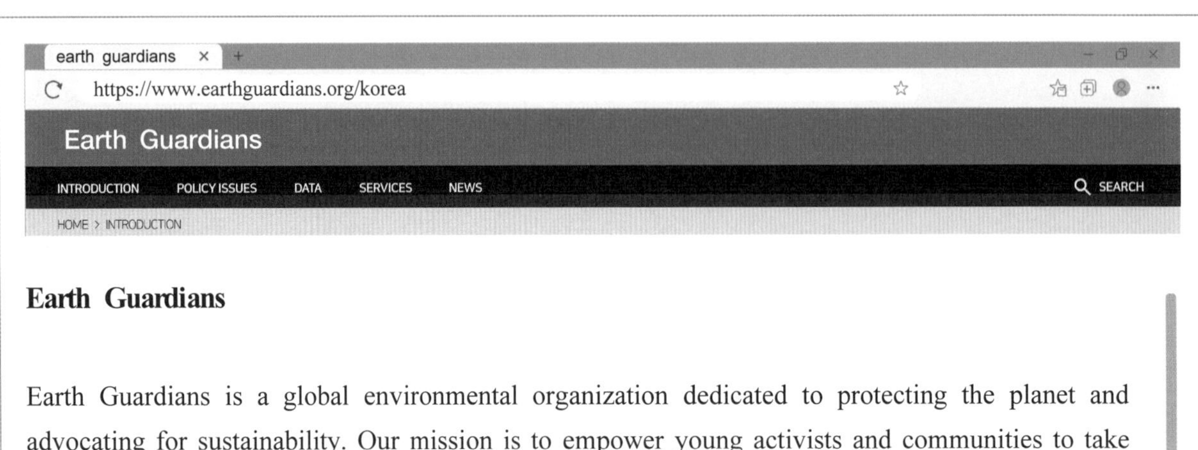

Earth Guardians

Earth Guardians is a global environmental organization dedicated to protecting the planet and advocating for sustainability. Our mission is to empower young activists and communities to take action against environmental degradation and climate change. Through grassroots initiatives, educational programs, and advocacy campaigns, Earth Guardians strives to raise awareness about pressing environmental issues and inspire individuals to adopt eco-friendly practices in their daily lives. We organize tree-planting events, beach cleanups, and renewable energy projects to promote conservation efforts and reduce carbon emissions. Additionally, Earth Guardians collaborates with policymakers and engages in international forums to push for stronger environmental regulations and promote sustainable development practices worldwide. Together, we can work towards a greener and more sustainable future for our planet.

01 **Earth Guardians에 관한 다음 글의 내용과 일치하는 것은?**

① It primarily engages in environmental issues caused by corporate activities.
② It seeks to correct misconceptions among lawmakers.
③ It fundamentally opposes all development activities.
④ It promotes environmental protection and sustainability.

② 문제 풀이 전략 학습하기

'세부 정보 파악' 유형 문제 풀이 전략

STEP 1 선택지 확인 → 고유한 어휘를 확인하기

① It primarily engages in **environmental issues** caused by corporate activities.
② It seeks to correct **misconceptions** among legislators.
③ It fundamentally opposes all **development** activities.
④ It promotes environmental protection and **sustainability**.

✎ 고유한 어휘란 다른 선택지에는 없고 하나의 선택지에만 존재하는 단어를 의미한다.

STEP 2 지문 확인 → 고유한 어휘를 기준으로 선택지에 해당하는 정보를 지문에서 찾기

✎ 하나의 선택지만 먼저 읽고 지문으로 바로 가서 내용을 확인한다.

STEP 3 선택지 분석 → 오답 소거 후 정답 도출

선지	지문
① 그것은 ~~주로 기업활동으로 인한~~ 환경문제 관여한다.	… Earth Guardians strives to raise awareness about pressing environmental issues and inspire **individuals to adopt eco-friendly practices in their daily lives**.
② 그것은 ~~입법자들 사이의 오해를 바로 잡으려고 노력~~ 한다.	Additionally, Earth Guardians collaborates **with policymakers** and engages in international forums **to push for stronger environmental regulations** …
③ 그것은 모든 개발 활동에 기본적으로 ~~반대한다~~.	… and **promote sustainable development practices** worldwide.
④ 그것은 환경 보호와 지속 가능성을 촉진한다.	Earth Guardians is a global environmental organization dedicated to **protecting the planet and advocating for sustainability**.

정답 ④

난이도

3 중요 표현 복습하기

어휘 복습 TEST

❶ planet		❻ pressing	
❷ sustainability		❼ practice	
❸ empower		❽ policymaker	
❹ degradation		❾ engage in	
❺ grassroot		❿ lawmaker	

어휘 복습 ANSWER

❶ planet	지구(the ~), 행성	❻ pressing	긴급한, 절박한, 임박한
❷ sustainability	지속[유지] 가능성	❼ practice	실천, 실행, 관행, 관례, 연습
❸ empower	권한을 주다, 권리를 위임하다	❽ policymaker	정책 입안자
❹ degradation	악화, 저하, 하락, 타락	❾ engage in	참여하다, 관여하다
❺ grassroot	농민의, 민중의	❿ lawmaker	법률 입안자

4 지문 해석 확인하기

Earth Guardians

Earth Guardians는 지구를 보호하고 지속 가능성을 지지하는 데 전념하는 글로벌 환경 단체입니다. 우리의 사명은 젊은 활동가들과 지역 사회가 환경 악화와 기후 변화에 맞서 행동을 취할 수 있도록 권한을 주는 것입니다. 대중의 계획, 교육 프로그램 및 옹호 캠페인을 통해 Earth Guardians는 긴급한 환경 문제에 대한 인식을 높이고 개인이 일상 생활에서 친환경적인 실천을 취하도록 영감을 주기 위해 노력합니다. 우리는 보존 노력을 장려하고 탄소 배출량을 줄이기 위해 나무 심기 행사, 해변 청소, 그리고 재생 에너지 프로젝트를 준비하고 있습니다. 게다가, Earth Guardians들은 정책 입안자들과 협력하고 더 강력한 환경 규제를 추진하고 전 세계적으로 지속 가능한 개발 관행을 장려하기 위해 국제 포럼에 참여합니다. 함께 한다면, 우리는 지구에 더 친환경적이고 지속 가능한 미래를 향해 갈 수 있습니다.

Unit 02 2025년 출제 기조 전환 연습 문제 ⑤

1 문제 풀어보기

TechOffice Solutions

TechOffice Solutions is a leading provider of office equipment and solutions for businesses of all sizes. With a wide range of products including printers, copiers, scanners, and multifunction devices, we offer innovative technology to streamline office workflows and increase productivity. Our team of experts is dedicated to understanding the unique needs of each client and providing customized solutions to meet their requirements. Whether you need a reliable printer for everyday document printing or a high-speed scanner for digitizing large volumes of paperwork, TechOffice Solutions has you covered. We also offer comprehensive maintenance and support services to ensure that your office equipment operates smoothly and efficiently at all times. Trust TechOffice Solutions for all your office equipment needs and take your business to the next level of efficiency.

01 TechOffice Solutions에 관한 다음 글의 내용과 일치하는 것은?

① It supplies business with office equipment and solutions.
② It doesn't handle high-speed scanners.
③ It offers maintenance services for home appliances as well.
④ It delivers only standardized services.

2 문제 풀이 전략 학습하기

'세부 정보 파악' 유형 문제 풀이 전략

STEP 1 선택지 확인 → 고유한 어휘를 확인하기

① It supplies business with **office equipment** and solutions.
② It doesn't handle **high-speed scanners**.
③ It offers maintenance services for **home appliances** as well.
④ It delivers only **standardized** services.

✎ 고유한 어휘란 다른 선택지에는 없고 하나의 선택지에만 존재하는 단어를 의미한다.

STEP 2 지문 확인 → 고유한 어휘를 기준으로 선택지에 해당하는 정보를 지문에서 찾기

✎ 하나의 선택지만 먼저 읽고 지문으로 바로 가서 내용을 확인한다.

STEP 3 선택지 분석 → 오답 소거 후 정답 도출

선지	지문
① 그것은 기업을 위한 사무용 장비와 해결책을 제공한다.	TechOffice Solutions is a leading **provider of office equipment and solutions for businesses** of all sizes.
② 그것은 고속스캐너는 ~~취급하지 않는다~~.	Whether **you need** a reliable printer for everyday document printing or **a high-speed scanner** for digitizing large volumes of paperwork, **TechOffice Solutions has you covered**.
③ 그것은 ~~생활가전의 서비스도~~ 제공한다.	언급 없음
④ 그것은 ~~표준화된 서비스~~만을 제공한다.	Our team of experts is dedicated to understanding the unique needs of each client and **providing customized solutions** to meet their requirements.

정답 ①

난이도

3 중요 표현 복습하기

어휘 복습 TEST

❶ leading ______

❷ a wide range of ______

❸ streamline ______

❹ workflow ______

❺ dedicate ______

❻ customized ______

❼ reliable ______

❽ comprehensive ______

❾ efficiency ______

어휘 복습 ANSWER

❶ leading 선두적인, 뛰어난, 주요한

❷ a wide range of 광범위한, 다양한

❸ streamline 간소화[능률화]하다

❹ workflow 작업[일]의 흐름

❺ dedicate 전념하다, 헌신하다

❻ customized 맞춤형의, 개개인의 요구에 맞춘

❼ reliable 신뢰할 수 있는, 믿을만한

❽ comprehensive 포괄적인, 종합적인

❾ efficiency 효율(성), 능률

4 지문 해석 확인하기

TechOffice Solutions

TechOffice Solutions는 모든 규모의 비즈니스를 위한 사무용 장비와 해결책을 제공하는 선두적인 공급업체입니다. 프린터, 복사기, 스캐너 및 복합기를 포함한 광범위한 제품을 통해 우리는 사무 작업 흐름을 능률화하고 생산성을 높이는 혁신적인 기술을 제공합니다. 우리의 전문가 팀은 각 고객의 고유한 요구를 이해하고 요구 사항을 충족하는 맞춤형 솔루션을 제공하는 데 전념하고 있습니다. 일상적인 문서 인쇄를 위해 신뢰할 수 있는 프린터가 필요하든 대량의 서류 작업을 디지털화하기 위해 고속 스캐너가 필요하든 TechOffice Solutions가 제공합니다. 우리는 또한 사무용 장비가 항상 부드럽고 효율적으로 작동하도록 보장하는 포괄적인 유지 관리 및 지원 서비스를 제공합니다. 모든 사무용 장비 요구 사항에 대한 TechOffice를 신뢰하고 비즈니스를 다음 수준의 효율성으로 끌어올리십시오.

Unit 02 2025년 출제 기조 전환 연습 문제 ❻

1 문제 풀어보기

2024 Nambu Recycles Poster Contest

Participate in this year's Nambu Recycling Poster Contest and display your artistic talents!

Guidelines

– Only Nambu high school students are eligible to participate.

– Participants must use the theme "Recycling for the Future".

Submission Format

– File type : PDF only

– Maximum file size : 40MB

Judging Criteria

– Use of theme

– Creativity

– Artistic skill

Details

– Submissions are limited to one poster per person.

– Submissions should be uploaded to the website by 6 p.m., December 19.

– Winners will be announced on the website on December 28.

For more information, please visit www.nambu.org

01 Nambu Recycles Poster Contest에 관한 다음 글의 내용과 일치하는 것은?

① The winners will be individually notified.

② Participants are not restricted in selecting the topic of the poster.

③ Participants are free to choose the format of the submitted file.

④ It includes two or more judging criteria.

2 문제 풀이 전략 학습하기

'세부 정보 파악' 유형 문제 풀이 전략

STEP 1 선택지 확인 → 고유한 어휘를 확인하기

① The **winners** will be individually notified.
② Participants are not restricted in selecting the **topic** of the poster.
③ Participants are free to choose the **format** of the submitted file.
④ It includes two or more judging **criteria**.

✎ 고유한 어휘란 다른 선택지에는 없고 하나의 선택지에만 존재하는 단어를 의미한다.

STEP 2 지문 확인 → 고유한 어휘를 기준으로 선택지에 해당하는 정보를 지문에서 찾기

✎ 하나의 선택지만 먼저 읽고 지문으로 바로 가서 내용을 확인한다.

STEP 3 선택지 분석 → 오답 소거 후 정답 도출

선지	지문
① 수상자는 수상자에게 ~~개별 통보될~~ 예정이다.	Winners will be announced **on the website** on December 28.
② 참가자는 포스터의 주제 선정에 ~~제약을 받지 않는~~다.	Participants **must use the theme** "Recycling for the Future"
③ 출품할 파일 양식은 ~~자유롭게 선택 가능~~하다.	**Submission Format** – File type : **PDF only**
④ 그것은 두 개 이상의 심사 기준을 포함하고 있다.	**Judging Criteria** – **Use of theme** – **Creativity** – **Artistic skill**

정답 ④

난이도

3 중요 표현 복습하기

어휘 복습 TEST

❶ display ______________________ ❸ theme ______________________

❷ eligible ______________________ ❹ criteria ______________________

어휘 복습 ANSWER

❶ display 발휘하다, 나타내다, 전시하다

❷ eligible ~할[될] 자격이 있는, 적격의, 적임의

❸ theme 주제, 테마

❹ criteria 기준, 표준

4 지문 해석 확인하기

2024 Nambu 재활용 포스터 대회

올해의 Nambu 재활용 포스터 대회에 참가하여 여러분의 예술적 재능을 발휘하세요!

참가 기준
– Nambu 고등학생만 참가 자격이 있습니다.
– 참가자들은 '미래를 위한 재활용'이라는 주제를 사용해야 합니다.
출품작 형식
– 파일 형식: PDF만 가능
– 최대 파일 크기: 40MB
심사 기준
– 주제 활용
– 창의성
– 예술적 기술
세부 사항
– 출품작은 1인당 한 장의 포스터로 제한됩니다.
– 출품작은 12월 19일 오후 6시까지 웹 사이트에 업로드되어야 합니다.
– 수상자는 12월 28일에 웹 사이트에 발표될 것입니다.

더 많은 정보를 원하면 www.nambu.org를 방문하십시오.

Unit 02 2025년 출제 기조 전환 연습 문제 ⑦

1 문제 풀어보기

Meteor Shower Viewing Event

Are you eager to witness a rare meteor shower on Sunday, May 24th? The Seoul Central Science Museum is the perfect venue to experience this phenomenon firsthand!

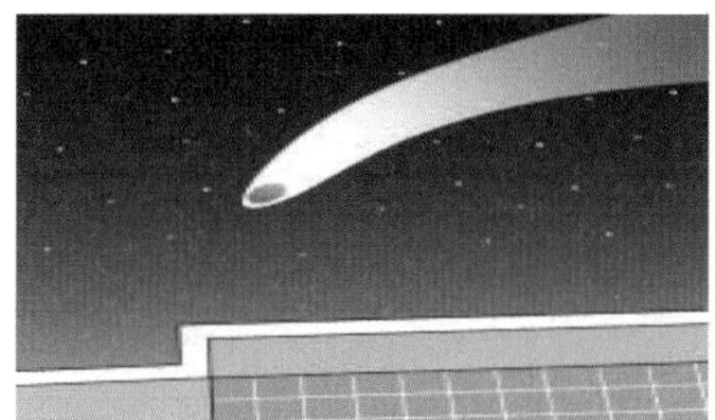

Registration

- Online only at www.dcsm.org
- From May 1st to May 14th
- Limited to 50 participants.

Schedule for July 24th

- 8:00 PM : Participants will gather in the hall before moving to the rooftop.
- 8:30 PM : Guides will explain how to observe the meteor shower.
- 9:00 PM to 11:00 PM : We will share our experiences of viewing the meteor shower.

Notes

- In case of cancellation due to weather conditions, notification will be sent via text message.
- Outside food and drinks are not permitted.

01 Meteor Shower Viewing Event에 관한 다음 글의 내용과 일치하는 것은?

① There is no limit on the number of participants.
② Participants should gather directly on the rooftop.
③ The method for observing meteor showers will be explained through video.
④ In case of event cancellation due to weather conditions, it will be announced.

② 문제 풀이 전략 학습하기

'세부 정보 파악' 유형 문제 풀이 전략

STEP ① 선택지 확인 → 고유한 어휘를 확인하기

① There is no limit on the number of **participants**.
② Participants should gather directly on the **rooftop**.
③ The method for observing **meteor showers** will be explained through video.
④ In case of event **cancellation** due to weather conditions, it will be announced.

✎ 고유한 어휘란 다른 선택지에는 없고 하나의 선택지에만 존재하는 단어를 의미한다.

STEP ② 지문 확인 → 고유한 어휘를 기준으로 선택지에 해당하는 정보를 지문에서 찾기

✎ 하나의 선택지만 먼저 읽고 지문으로 바로 가서 내용을 확인한다.

STEP ③ 선택지 분석 → 오답 소거 후 정답 도출

선지	지문
① 참가자 수의 제한은 없다.	Registration • **Limited** to 50 participants.
② 참가자들은 바로 옥상으로 모이면 된다.	Schedule for July 24th • 8:00 PM : Participants will **gather in the hall before moving to the rooftop**.
③ 유성을 관측하는 방법은 영상으로 알려준다.	Schedule for July 24th • 8:30 PM : **Guides will explain** how to observe the meteor shower.
④ 기상 상황으로 인해 행사가 취소될 경우 공지될 것이다.	Notes • In case of **cancellation due to weather conditions, notification will be sent** via text message.

정답 ④

난이도

3 중요 표현 복습하기

어휘 복습 TEST

❶ meteor shower	________	❺ rooftop	________
❷ witness	________	❻ observe	________
❸ venue	________	❼ cancellation	________
❹ firsthand	________	❽ notification	________

어휘 복습 ANSWER

❶ meteor shower	유성우, 별똥별	❺ rooftop	옥상
❷ witness	목격하다, 보다, 목격자, 증인	❻ observe	관측[관찰]하다, 목격하다, 보다, 말하다
❸ venue	장소	❼ cancellation	취소, 무효화
❹ firsthand	직접, 바로	❽ notification	통보, 알림, 통지, 신고

4 지문 해석 확인하기

유성우 보기 행사

5월 24일 일요일에 오는, 희귀한 유성을 보고 싶으신가요? Seoul Central Science Museum은 그 생생한 조망을 할 수 있는 최적의 장소입니다!

등록

– 온라인으로만 가능(www.dcsm.org)
– 5월 1일부터 5월 14일까지
– 참가자 수는 50명으로 제한

7월 24일 일정

– 오후 8시: 참가자들은 홀에서 모인 다음에 옥상으로 이동할 것입니다.
– 오후 8시 30분: 안내자들이 유성을 관측하는 방법을 설명할 것입니다.
– 오후 9시~오후 11시: 우리는 유성을 본 경험을 공유할 것입니다.

공지 사항

– 행사가 기상 상황으로 인해 취소될 경우, 문자 메시지를 통해 공지될 것입니다.
– 외부 음식과 음료는 허용되지 않습니다.

Unit 02 2025년 출제 기조 전환 연습 문제 ❽

1 문제 풀어보기

Sea World
www.goodbeachseaworld.com
MENU
Search

Goodbeach Sea World Event

Do your children love marine animals? The overnight event at Goodbeach Sea World is sure to be an exciting experience for them. Join us for a fantastic underwater overnight adventure.

Participants
– Children aged 8 to 12
– Children must be accompanied by a guardian.
Date : Every Saturday evening to Sunday morning in May 2024, from 5:00 PM to 10:00 AM
Activities : Guided tours, underwater shows, photo sessions with mermaids
Participation Fee : $50 per person (includes dinner and breakfast)
Notes
– Sleeping bags and other personal items are not provided.
– All activities take place indoors.
– No photography is allowed from 10:00 PM to 7:00 AM.

For more information, visit our website at www.goodbeachseaworld.com.

01 Goldbeach Sea World Event에 관한 다음 글의 내용과 일치하는 것은?

① All children can attend the event with their guardian.
② It doesn't offers participants sleeping bags and personal items.
③ Photography is strictly prohibited throughout the event.
④ The activity takes place in both indoor and outdoor locations.

2 문제 풀이 전략 학습하기

'세부 정보 파악' 유형 문제 풀이 전략

STEP 1 선택지 확인 → 고유한 어휘를 확인하기

① All children can attend the event with their **guardian**.
② It doesn't offers participants **sleeping bags** and personal items.
③ **Photography** is strictly prohibited throughout the event.
④ The activity takes place in both **indoor** and outdoor locations.

✎ 고유한 어휘란 다른 선택지에는 없고 하나의 선택지에만 존재하는 단어를 의미한다.

STEP 2 지문 확인 → 고유한 어휘를 기준으로 선택지에 해당하는 정보를 지문에서 찾기

✎ 하나의 선택지만 먼저 읽고 지문으로 바로 가서 내용을 확인한다.

STEP 3 선택지 분석 → 오답 소거 후 정답 도출

선지	지문
① 모든 어린이는 보호자와 함께 행사에 참석할 수 있습니다.	**Participants** – Children **aged 8 to 12** – Children must be accompanied by a guardian.
② 그것은 참가자에게 침낭과 개인 물품을 제공하지 않습니다.	**Notes** – **Sleeping bags and other personal items are not provided**.
③ 행사 기간 내내 사진 촬영이 엄격히 금지되어 있습니다.	**Notes** – All activities take place indoors. – No photography is allowed from **10:00 PM to 7:00 AM**.
④ 활동은 실내와 실외 모두에서 이루어집니다.	**Notes** – All activities take place **indoors**.

정답 ②

난이도 III

3 중요 표현 복습하기

어휘 복습 TEST

❶ overnight	____________	❹ accompany	____________
❷ marine	____________	❺ mermaid	____________
❸ fantastic	____________	❻ per person	____________

어휘 복습 ANSWER

❶ overnight	하룻밤 동안의, 야간의, 밤사이에	❹ accompany	동반하다, 동행하다
❷ marine	해양의, 바다의	❺ mermaid	인어
❸ fantastic	환상적인, 엄청난, 굉장한	❻ per person	1인당

4 지문 해석 확인하기

Goodbeach Sea World 행사

여러분의 자녀는 해양 동물들을 좋아하나요? Goodbeach Sea World에서의 행사는 그들에게 분명히 신나는 하룻밤 동안의 경험이 될 것입니다. 환상적인 수중 하룻밤 행사에 저희와 함께 해주십시오.

참가자
– 8~12세의 아동
– 아동은 보호자를 동반하여야 합니다.
일시: 2024년 5월 매주 토요일 오후 5시 ~ 일요일 오전 10시
활동: 가이드 투어, 수중 쇼, 인어공주와 사진 찍는 시간
참가비: 1인당 50달러 (저녁 식사 및 아침 식사 포함)
참고 사항
– 침낭 및 기타 개인용품은 제공되지 않습니다.
– 모든 활동은 실내에서 이루어집니다.
– 오후 10시부터 오전 7시까지는 사진 촬영이 허용되지 않습니다.

더 많은 정보를 원하시면 저희 웹 사이트 www.goodbeachseaworld.com을 방문해 주십시오.

Unit 02 2025년 출제 기조 전환 연습 문제 ⑨

1 문제 풀어보기

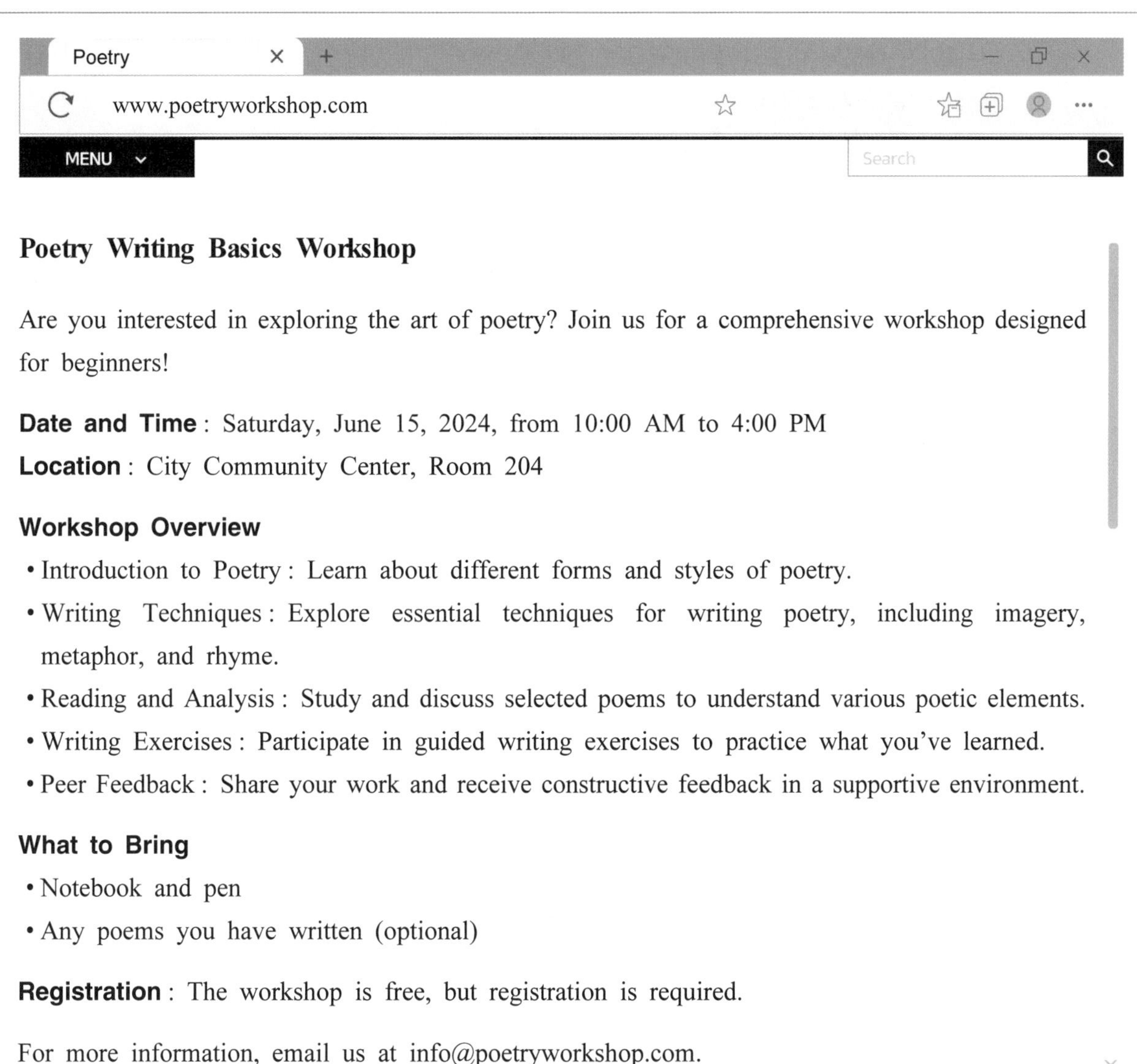

Poetry Writing Basics Workshop

Are you interested in exploring the art of poetry? Join us for a comprehensive workshop designed for beginners!

Date and Time : Saturday, June 15, 2024, from 10:00 AM to 4:00 PM
Location : City Community Center, Room 204

Workshop Overview

- Introduction to Poetry : Learn about different forms and styles of poetry.
- Writing Techniques : Explore essential techniques for writing poetry, including imagery, metaphor, and rhyme.
- Reading and Analysis : Study and discuss selected poems to understand various poetic elements.
- Writing Exercises : Participate in guided writing exercises to practice what you've learned.
- Peer Feedback : Share your work and receive constructive feedback in a supportive environment.

What to Bring

- Notebook and pen
- Any poems you have written (optional)

Registration : The workshop is free, but registration is required.

For more information, email us at info@poetryworkshop.com.

01 Poetry Writing Basics Workshop에 관한 다음 글의 내용과 일치하는 것은?

① 초보자들을 위한 시 쓰기 심화 워크숍이다.
② 무료이기 때문에 따로 등록할 필요는 없다.
③ 심상과 같은 시 쓰기의 필수 기법을 학습한다.
④ 글쓰기 연습에 참여하고 동료 피드백을 받을 수 있다.

2 문제 풀이 전략 학습하기

'세부 정보 파악' 유형 문제 풀이 전략

STEP 1 선택지 확인 → 고유한 어휘를 확인하기

① 초보자들을 위한 시 쓰기 **심화 워크숍**이다.
② 무료이기 때문에 따로 **등록**할 필요는 없다.
③ 심상과 같은 시 쓰기의 **필수 기법**을 학습한다.
④ 글쓰기 연습에 참여하고 **동료 피드백**을 받을 수 있다.

✎ 고유한 어휘란 다른 선택지에는 없고 하나의 선택지에만 존재하는 단어를 의미한다.

STEP 2 지문 확인 → 고유한 어휘를 기준으로 선택지에 해당하는 정보를 지문에서 찾기

✎ 하나의 선택지만 먼저 읽고 지문으로 바로 가서 내용을 확인한다.

STEP 3 선택지 분석 → 오답 소거 후 정답 도출

선지	지문
① 초보자들을 위한 시 쓰기 심화 워크숍이다.	Join us for a **comprehensive** workshop designed for beginners!
② 무료이기 때문에 따로 등록할 필요는 없다.	Registration : The workshop is free, but registration **is required**.
③ 심상과 같은 시 쓰기의 필수 기법을 학습한다.	• Writing Techniques : **Explore essential techniques for writing poetry, including imagery, metaphor, and rhyme**.
④ 글쓰기 연습에 참여하고 시험을 통해 피드백을 받을 수 있다.	• Writing Exercises • **Peer** Feedback

정답 ③

난이도

3 중요 표현 복습하기

어휘 복습 TEST

❶ poetry ________

❷ comprehensive ________

❸ imagery ________

❹ metaphor ________

❺ element ________

❻ constructive ________

❼ willingness ________

어휘 복습 ANSWER

❶ poetry 시, 운문

❷ comprehensive 종합적인, 포괄적인

❸ imagery 심상, 비유적 표현

❹ metaphor 은유

❺ element 요소, 성분

❻ constructive 건설적인, 구조적인

❼ willingness 기꺼이 하기[하는 마음]

4 지문 해석 확인하기

시 쓰기 기초 워크숍

여러분은 시의 예술을 탐구하는 것에 관심이 있나요? 초보자를 위한 종합 워크숍에 참여해보세요!

날짜 및 시간: 2024년 6월 15일 토요일, 오전 10시부터 오후 4시까지
장소: 시티 커뮤니티 센터, 204호

워크숍 개요
• 시 소개: 다양한 시의 형태와 스타일에 대해 배웁니다.
• 글쓰기 기법: 심상, 은유, 운율을 포함한 시 쓰기의 필수 기법을 탐구합니다.
• 읽기 및 분석: 선정된 시를 연구하고 논의하여 다양한 시적 요소를 이해합니다.
• 글쓰기 연습: 배운 내용을 실습할 수 있는 안내된 글쓰기 연습에 참여합니다.
• 동료 피드백: 작품을 공유하고 지원적인 환경에서 건설적인 피드백을 받습니다.

준비물
• 노트북과 펜
• 작성한 시 (선택 사항)

등록: 워크숍은 무료이지만 등록이 필요합니다.

자세한 정보는 info@poetryworkshop.com으로 이메일을 보내주세요.

MEMO

MEMO

MEMO

진가영

주요 약력

現) 박문각 공무원 영어 온라인, 오프라인 대표교수
서강대학교 우수 졸업
서강대학교 영미어문 심화 전공
중등학교 정교사 2급 자격증
단기 공무원 영어 전문 강의(개인 운영)

주요 저서

진가영 영어 신독기 구문독해(박문각)
진가영 영어 신경향 독해 마스터 시즌 1(박문각)
진가영 영어 단기합격 문법 All In One(박문각)
진가영 영어 단기합격 독해 All In One(박문각)
진가영 영어 단기합격 VOCA(박문각)
진가영 영어 기출문제집 문법·어휘(박문각)
진가영 영어 기출문제집 반한다 독해(박문각)
진가영 영어 독해 끝판왕[독판왕](박문각)
진가영 영어 문법 끝판왕[문판왕](박문각)
진가영 영어 진독기 구문독해 시즌1(박문각)
진가영 영어 단판승 문법 적중 킬포인트 100(박문각)
진가영 영어 단판승 생활영어 적중 70(박문각)
진가영 영어 적중 하프 모의고사(박문각)
2024 박문각 공무원 봉투모의고사(박문각)

진가영 영어 ✧✦ 신경향 독해 마스터 시즌 1

초판 인쇄 2024. 6. 20. | **초판 발행** 2024. 6. 25. | **편저** 진가영
발행인 박 용 | **발행처** (주)박문각출판 | **등록** 2015년 4월 29일 제2019-000137호
주소 06654 서울시 서초구 효령로 283 서경 B/D 4층 | **팩스** (02)584-2927
전화 교재 문의 (02)6466-7202

저자와의
협의하에
인지생략

정가 16,000원
ISBN 979-11-7262-041-7